The Growth Delusion

增长的错觉

经济学家错了吗？

[英] 戴维·皮林（*David Pilling*）_著　郑澜_译

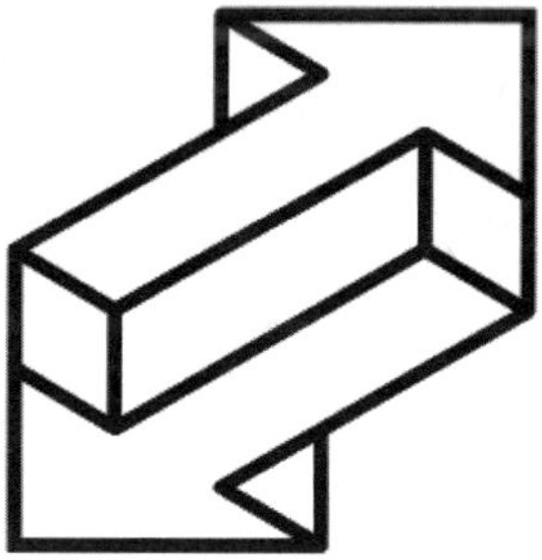

中信出版集团 | 北京

图书在版编目（CIP）数据

增长的错觉：经济学家错了吗？ /（英）戴维·皮林著；郑澜译 . -- 北京：中信出版社，2020.5

书名原文：The Growth Delusion

ISBN 978-7-5217-1652-8

Ⅰ . ①增… Ⅱ . ①戴… ②郑… Ⅲ . ①经济增长理论—通俗读物 Ⅳ . ① F061.2-49

中国版本图书馆 CIP 数据核字（2020）第 036651 号

增长的错觉——经济学家错了吗？

著　　者：[英] 戴维 · 皮林
译　　者：郑澜
出版发行：中信出版集团股份有限公司
　　　　　（北京市朝阳区惠新东街甲 4 号富盛大厦 2 座　邮编　100029）
承 印 者：北京诚信伟业印刷有限公司

开　　本：880mm × 1230mm　1/32　　印　　张：9　　字　　数：237 千字
版　　次：2020 年 5 月第 1 版　　印　　次：2020 年 5 月第 1 次印刷
京权图字：01–2019–3767　　广告经营许可证：京朝工商广字第 8087 号
书　　号：ISBN 978–7–5217–1652–8
定　　价：59.00 元

谨以此书献给我挚爱的两个儿子，

迪伦与特拉维斯。

目　录

第三部分　经济增长以外的问题

序　言

对经济增长的盲目崇拜

反观历史，全球发达国家一直因自己在过去的 70 年中取得的经济增长成就而沾沾自喜。这种检视经济增长的标尺被称为 GDP（国内生产总值），是评判一个国家的经济社会发展水平的主要指标。每个人都是经济的参与者，而“经济”正是 GDP 衡量的对象。经济无形无味，却可谓现代社会环境的背景噪声。在新闻头条、商业频道或者政治辩论上，我们都能看见它活跃的身影。然而，令人惊讶的是，对于这样一个基础词汇，鲜有人知晓它的精确定义，也很少有人知道应该如何衡量其发展水平。我们只知道，经济必须像鲨鱼那样一往无前。

GDP 是衡量经济发展水平的指标。① 如今，GDP 所发挥的作用虽与其发明者的初衷背道而驰，但 GDP 已然成为反映一个国家运转情况的晴雨表。如果经济持续增长，国家就繁荣安定。如果经济出现衰退，国家发展就遇到了问题。但我们密切关注的这个仿佛具有真正意义的指标，更像是一个华而不实的数据。GDP 反映出的所谓的经济图景实则受到了严重扭曲，与现实的经济状况相比，其呈现出越来越明显的差异。在衡量经济发展水平方面，GDP 这一指标已经失灵。

当今的时代是一个“愤怒的时代”。全球掀起以西方自由主义为代表的思潮，各地民众纷纷开始质疑甚至抨击曾经珍视的社会理想和制度。[1] 特朗普在美国的崛起，英国的公投脱欧，欧洲国家左、右派非传统政党的兴起，无一不影响着全球局势。由民间暴乱引发的政坛动荡更是席卷了印度、巴西、菲律宾和土耳其。

我们若以传统方式衡量，那么目前这场“全球民愤”运动的规模堪称空前绝后，而有关其触发因素的说法也可谓众说纷纭。然而，其中有一项关于触发因素的说法获得了各方共识：政府描绘的经济图景没能如实反映人们的现实生活，而这种经济图景主要是由经济学家提供的。民怨沸腾在一定程度上源于一直存在的身份认同问题。一些人没钱买房，社会亦无意向其伸出援手。万般无奈之下，他们

① 由于我们通过 GDP 大小来衡量经济发展水平，因此在本书中，除特别说明外，“经济”及“GDP”被视为可互换的名词。有时，“经济”一词也会被“国民收入”一词替代。同理，“GDP 增长”与“经济增长”为同义词。

开始对金钱政治横行与贫富分化加剧的社会现象感到愤怒，且这种愤怒被不断积蓄。除上述因素外，还有一个激发民愤的原因——经济学家对“经济”和“增长”的定义也不再与民众的亲身体验相符。有鉴于此，本书的重点之一即探讨经济学家口中的生活与我们经历的现实生活之间存在着怎样的差异。

尽管“GDP”是一个耳熟能详的词，但很少有人知道，它诞生于20世纪30年代，且它最初被用于衡量“大萧条”时期的经济状况究竟有多糟糕。二战爆发前夕，它又“重出江湖”，被用于衡量战争可能对国家经济造成的打击。我们首先需要明确的是，经济既不是一个自然现象，也不是一个有待发现的客观事实。1930年以前，世界上不存在“经济”，它与棉花糖、汽车保险或复式记账法一样，都是人们提出的一个概念。

倘若我们将GDP拟人化，那么它就是一个没什么道德观念的人。GDP衡量的是各种产品的产量，而不计较这些产品是好是坏。它欣喜于出现环境污染问题，对于人们需要花钱治理的污染，它更是求之不得。它也欣喜于出现犯罪问题，因为犯罪问题牵涉警力的大量出动及破窗户的修理工作。它还喜欢“卡特里娜”飓风，对战争也持欢迎态度。如果一场武装冲突将城市夷为平地，那么GDP会先衡量其涉及的枪支、飞机和弹头的数量，再衡量战后重建所需的费用。虽然GDP是一位计算数量的好手，但在计算质量方面，它却表现得捉襟见肘。此外，GDP在“餐桌礼仪”方面的认知，实在令人不敢恭维。对它而言，一顿摆着三把叉子的晚餐与分别摆着一把叉子、一把刀和一把汤匙的晚餐并无差别。[2]

GDP是一个唯利是图的商人。它懒得计算不涉及金钱转手的交易，也不喜欢家务活儿（至少我觉得两者有可比性），对于一切志愿活动，它都唯恐避之不及。计算人为活动数量的GDP在贫困国家开展工作只能束手束脚，因为这些国家中的大部分人为活动都发生在经济以外的范畴。例如，GDP能够计算超市里一瓶"依云"矿泉水的经济影响，却无法计算一个埃塞俄比亚女孩因跋涉数公里去打井水而造成的经济影响。

经济增长是工业化大生产时代的产物，因此GDP被设计出来，主要是为了衡量有形的生产活动。它不怎么适用于现代社会的服务业经济，而服务业在许多富裕国家的经济结构中恰好占主导地位，比如保险业、城市园林规划行业等。计算砖块、钢条和自行车等产品的产量时，GDP表现得并不差，但其适合计算的对象仅限于那些"你能搬起来砸自己脚的东西"。[3]在理发、心理咨询或下载音乐面前，GDP就立刻陷入了云里雾里。因此，GDP根本就不是我们想象中那样擅长衡量经济增长。如果我们以GDP为衡量工具，那么如今抗生素的价值不过几个便士，但在一个世纪以前，一位染上梅毒的亿万富翁却可能愿意将半数以上的财产拱手让给医生，以换取7天的抗生素疗程。

简而言之，我们对经济的定义相当粗略。正如笔者曾听某人不经意间提及的那样："如果你被堵在路上，那么你就是在为GDP做贡献。如果你去朋友家帮忙，那么你就没有为GDP做贡献。"末了，这个人还补充道："我们只要记住这一点就够了。"假如你觉得他说得不对，那么我希望你继续耐心读下去。

****

我们都隐约感觉到好像有什么不对劲儿，却又说不清究竟哪里出了问题。终于，2008 年爆发的全球金融危机向全世界宣告：经济指标失灵了。GDP 增长让我们有机会为国家经济的腾飞欢呼雀跃，谁知接踵而至的竟是雷曼兄弟公司的破产，以及几乎席卷整个西方世界的经济衰退。美联储前主席艾伦·格林斯潘曾表示："美国经济正稳步增长，政府不应干涉市场，而应让市场自行创造更多财富。"全世界的人们曾一度对这一言论推崇备至。

事实上，从标准衡量指标来看，我们几乎看不出美国经济稳步增长的迹象。相反，美国经济建立在快要膨胀到极限的购房债务之上，还有越来越高明（实则越来越蠢）的银行家在操纵金融市场，以求自己在分红时赚得盆满钵满。当时，业界人士普遍认为发达经济体已达到一种新的理想状态，即所谓的"大稳健"时期：技术专家已将经济繁荣与经济萧条的循环周期变为历史，不被干涉的市场总能在动态平衡中回归良好的发展势头。

然而，我们没能看到经济增长背后日益加剧的社会不平等现象和各国发展的不均衡现象。美国对中东石油输出国和中国的贸易均出现巨大逆差，而两国均在乐此不疲地将逆差流出的美元以投资美国国债等方式回流美国。被誉为“世界工厂”的中国实则成了美国的债主，中国借钱给美国供其购买自己生产的各类商品。就这样，美国经济看似坐上了螺旋上升的旋转木马，直至它停了下来。几年后，许多西方国家仍在苦苦挣扎，它们千方百计地想将经济拉回2008年以前的水平。因为此前多年的所谓“经济增长”，不过是一种错觉。

若想以GDP的视角看到经济增长，国家就得保证生产无止境。与此对应的，必然是消费无止境。然而，除非人们永远渴望获得越来越多的物质享受和精神体验，否则经济增长终有停止的一天。也就是说，为了使国家经济长盛不衰，我们必须永不知足。现代经济学的基本前提之一就是“人的欲望是无休无止的”。但只要我们扪心自问，就会知道“无穷的欲望最终只能让人接近疯狂”的道理。

若干年前，以幽默讽刺风格著称的杂志《洋葱新闻》(*Onion*)刊登过一篇文章，文中的主人公是一个叫“陈贤”的中国工人，他负责在工厂生产现实生活中不存在的“塑料粪便”，供千里之外百无聊赖的美国人赏玩。作为一篇典型的“洋葱风格”的文章，它带着浓烈的讽刺意味，也直指现实问题的核心所在。陈贤怎么也想不明白，为什么自己总是被要求生产一堆无用之物——沙拉枪、塑料袋取用机、微波煎蛋器、夜光页面放大镜、圣诞主题文件框、动物形态的隐形眼镜盒，甚至还有墙壁挂钩。他不无嘲讽地说：“我还听说只要美国人不想要某个东西，就会直接扔掉。真是太浪费了！我还不明白，为什么他们有这么大的厨房用具需求？为厨房配备煎锅、电饭煲、电水壶及其他基础用具我能理解，为厨房添置能够品尝好茶叶的带盖茶壶也说得过去，甚至再为茶壶配一根温度计也行，可是其他东西有什么用啊？美国人的房子哪来那么大的地方可以放下这些东西啊？比如这个玉米面卷手持器，一辈子也用不了几次吧？”曾有一个美国人回应过类似的问题：“哦，我是真的需要这个银器分类收纳抽屉，否则我的心情会很差的。”只听陈贤回复：“闭嘴，你这个愚蠢的美国人！”[4]

陈贤的这一番话使我们汗颜，因为在美国这样一个富裕的国家里，大多数人都有购买各种新奇玩意儿的习惯，人们甚至在买过之后将它们束之高阁。铺天盖地的广告和来自朋友、邻居的羡慕眼光驱使人们越买越多，越买越高级。当你读到这里时，也许我的 iPhone 5（苹果手机）已经成了一个笑话。而诸如洗衣机、面包机之类的商品，其最初的设计并不太关注牢固耐用的产品特性，因而这些产品很容易出现故障。因为只有这样，我们才会陷入永无止境的消费怪圈。

乍听之下，陈贤负责生产的商品的用途的确显得有些荒谬，但它们也实实在在地存在于现实生活中。只需翻看 SkyMall（空中商城）的商品目录，飞机上的每位旅客就能在座位上订购各类“必备”商品，比如身着 17 世纪贵族服装的宠物画像（标价 49 美元）、用松鼠头制成的标本挂饰（标价 24.95 美元）、与人等高的丛林攀缘猴玩偶（标价 129 美元），甚至还有可以安在狗嘴上的橡胶厚唇（标价 29.95 美元）。这样看来，当一些经济学家叫嚣“当今世界的问题在于需求的长期萎靡”时，我真不明白，我们到底还需要购买哪些东西。[5]

在大多数经济学家看来，世界从未像今天这样美好，消费者的购买力也从未如此强劲。自 1942 年联邦政府首次公开国民账户以来，美国经济一直呈增长态势。英国和其他欧洲国家同样如此。虽然 2008 年的金融危机使全球多数国家的经济出现了一段短时间的衰退，但这些国家的经济现已重新恢复增长。尽管经济增速放缓，但国家经济体量从未达到如此可观的水平。如果不断累积的经济增长能够代表国家处于国富民强的状态，那么我们对现状的满意程度肯定达到了前所未有的高度。

过分看重经济增长会带来一个显而易见的问题：经济增长的果实永远不能被平分。平均收入是衡量国计民生水平的标准，其计算方法是用一个国家的经济总量除以本国居民数量。平均收入是一个陷阱，带有严重的误导性。银行家的收入比烘焙师傅的收入高，而后者的收入又比失业的人的收入高。极端情况下，如果一个富裕国家的经济蛋糕全部落入一人之手，那么这意味着该国的平均收入水平会显得十分喜人，而且这个国家的绝大多数人会被活活饿死。

除了朝鲜这个特例外，现实世界并不会如此极端。但即便在美国，平均收入也可能被严重扭曲了。别忘了，美国人每年创造出的财富绝大多数流入 1% 甚至 0.1% 的人手中。你还是有些难以理解吗？事实上，那 0.1% 的最富裕人群仅涉及 16 000 个家庭，其掌握的财富总量却自 1980 年以来实现了 5 倍增长。相较于 19 世纪末所谓“镀金时代”的最富裕人群，当今时代的最富裕人群享受着更大的美国经济蛋糕。[6] 倘若一个国家的经济增长仅仅得益于“富者更富”，而普通人的辛勤工作只能维持温饱，那么这样的经济增长到底还有什么意义呢？

研究结果显示，一个人的幸福指数的高低并不取决于其获得的绝对财富的多少，而取决于其获得的相对财富的多少。一篇名为《猴子拒绝不平等收入》的论文中有这样一个实验：两只僧帽猴完成某项任务后，可从实验人员那里获得奖赏；一开始，两只猴子均对黄瓜奖赏表示满意，但当实验人员将其中一只猴子的奖赏由黄瓜改为更美味的葡萄时，另一只猴子愤怒地朝实验人员挥舞着手中的黄瓜；[7] 面对比黄瓜更好吃的葡萄，这些猴子为自身争取更多利益的需求增加，且随之而来的不平等状况触发了其中一只猴子的不满情绪。人类社会也一样。试想，如果某个加州大学的教职人员被告知其同等职位同事的工资水平更高时，那么他就会产生不满情绪，并可能因此萌生跳槽的想法。相较之下，发现自己工资偏高的教职人员将不会产生任何情绪上的波动。[8]

这样看来，经济增长在一定程度上可谓人与人之间的军备竞赛，每个人都想比身边的人领先一步。你可以想象自己走进一家当地餐馆，发现这里的每个服务员或厨师都不甘心一直领着手头那点儿工资。你的相对财富有多少，取决于别人相对于你有多穷。正是这种渴望超越且保持领先的心理，驱使我们每个人像仓鼠一样，在经济的轮子里越跑越快。虽然我们不断地将经济水平推向了高潮，但我们没有获得更多的幸福感。如果一个服务员每年的收入是 10 万美元，那么你就要求自己的收入必须是 20 万美元，否则你就可能成为下一个为别人端盘子的人。如果这个服务员每年的收入是 20 万美元，那么你就要求自己的收入必须是 40 万美元，由此循环往复。

事实上，人类社会的情况并非总是如此。几千年来，人类历史上从未有过“增长”的概念。曾经，农业经济几乎陷于停滞。当且仅当工业革命爆发后，人类才变得无所不能。人类社会先是经历了一段缓慢的发展时期，之后每年就以惊人的速度实现了大规模生产。也正是在这一时期，以英国为首的欧洲各国率先跃升为世界强国。随着这股工业化革命浪潮的推进，美国、澳大利亚和新西兰也逐渐摆脱贫穷，将当时仍以农业经济为主的亚洲国家、非洲国家和拉丁美洲国家远远地甩在了身后。

如果“增长”对人类社会而言还是一个相对较新的概念，那么“经济”这一概念的诞生更是之后的事。在“GDP”被发明出来以前，人们即使有这个意愿，也很难定义“什么是经济”。此前，“经济”的概念几乎等同于节约开支。1808 年，著名作家简 · 奥斯汀在给妹妹的信中写道：“我应该咀嚼冰块，饮法国酒，摆脱穷酸的经济。”[9]

如今，我们每个人对于“经济”和“经济增长”的概念都耳熟能详了。甚至可以毫不夸张地说，“经济”和“经济增长”已经统治了我们的生活。但这些名词究竟代表什么意思呢？经济学家们设计了一个经济发展状况的衡量体系，但假如连寻常百姓也觉得这个体系衡量出来的结果与现实情形大相径庭的话，那么该体系的可靠性将实在令人不敢恭维。况且，倘若我们连衡量对象都搞错了，或仅仅衡量某个还不足以反映现实的对象，那么我们依据这样的衡量结果而制定的指导方针与政策也将是错误的或漏洞百出的。政府总是会最大化地利用衡量出来的结果来制定相应政策。正因如此，过去几十年来，政府制定政策的主要目的就是尽可能地刺激经济增长。

英国两位前首相托尼·布莱尔和戴维·卡梅伦均发起过旨在衡量国计民生和经济增长水平的项目。尽管这些尝试渐渐淡出公众视野，但它们的出现引发了人们对“政策制定者应该如何思考经济”的争论，并对经济发展走向造成了影响。例如，英国曾率先尝试衡量医疗卫生和教育等公共服务，却发现传统经济指标大大低估了这些公共服务的价值。

法国前总统尼古拉·萨科齐这位偏右翼的政治家组织成立了“经济表现和社会进步评估委员会”。萨科齐在提案的序言部分写道：“除非衡量经济表现的方式被改变了，否则我们将不可能做出自身行为上的改变。”他还表示，经济学家们早就知道，目前在世界范围内仍缺少一种衡量经济的有效方法。他说：“我们明知现有指标存在种种局限，却仍在使用它们，仿佛它们是完美的……在我们对经济增长产生一种盲目崇拜之后，我们却被这种狂热所缚。”[10]

萨科齐还曾在公开演讲中表示，这种戏弄民众的做法无异于玩火。如果政府对其放任不管，那么民粹主义将在全球范围内抬头。他说：“这就是我们在认知上出现巨大分歧的开始。一边是自视甚高的经济学家，另一边是发现其生活经验与经济数据所展现的故事完全脱节的普通民众。这种分歧之所以危险，是因为民众最后只会认为自己被国家欺骗了。对一个民主国家而言，没有什么比这种民众认知更具破坏性的了。”

****

当今社会将科班出身的经济学家奉若神明。这些经济学家制造出大量令人费解的数学公式，并为公共事务的讨论设定基调。最后，经济学家们成为决定政府应该在学校、公共图书馆和军队上支出多少钱的人。也是这些经济学家决定了社会可以承受的失业率是多少、政府是否应该印钞，以及政府是否该为那些贪得无厌的银行家收拾烂摊子。

比尔·克林顿曾凭借“笨蛋，问题是经济！”的竞选口号入主白宫，这反映出当时的美国选民对国家经济的迫切关注。在那个年代，虽然这句竞选口号没什么含金量，甚至没有多少人能明确说出“经济”的定义，但的确有不少人以美国经济环境的好坏为依据进行政治投票。选民们对美国经济环境好坏的评判大体上基于个人的主观感受，比如工作是否稳定、收入是否足够支付房贷等。无论哪位政治家，如果其执政期间的经济出现了负增长（即所谓的“经济衰退”），那么这位政治家就走到了政治生涯的终点。看来，美国选民们早已被一个模糊的概念绑架了。

自此以后，情况出现了一丝转机。目前，全球出现了一片反对之声，这表明人们迫切渴望叫停经济学家们一再扭曲现实生活的做法。这种呼声一方面象征着思想上的解放，另一方面又可能引发不良后果。我们谁也不愿意让非专业人士建造桥梁、开飞机或做心脏手术，试问又有谁敢让不懂经济学的人来掌控国家经济呢？经济学家们的问题在于，他们总爱声称自己通过科学方法得出了十分精确的结论，但其结论的“精确度”实在是有目共睹的。此外，他们的经济言论并不能代表普通民众的经济现状。这也正是民众有必要学习经济学基本语言的原因。掌握这种语言后，任何人都能对经济学家的言论进行分析，并适时要求经济学家做出改正。

GDP 的拥趸争辩道：“GDP 从头到尾就不是一个用来衡量国计民生的工具，批评它无法涵盖现实生活中一切重要的东西，就像批评卷尺无法度量一个人的体重或性格一样毫无意义。”的确，如果 GDP 仅是众多经济衡量指标中的一种，那么这种说法不存在任何问题。但问题是，用 GDP 衡量经济增长已成了一种狂热的衡量方式。人们仿佛只关心 GDP，而且为了它的增长，人们甘愿赴汤蹈火。为了使 GDP 增长，我们不得不工作更长时间，忽视“不必要”的公共服务，容忍越拉越大的贫富差距，并让“创造财富”的银行家们自由自在地大展拳脚。环保主义者发出警告，当我们无休止地追求经济增长时，受威胁的不仅有生物多样性，甚至还有我们自己。永无止境的消费欲望和持续增长的二氧化碳排放量，终将使我们失去赖以生存的家园，那么我们空有财富又有何用？只有在经济学领域，经济持续增长才被视为一种美德。对于同一概念，生物学中也有一个专有名词，它叫作“癌症”。[11]

在后续章节中，本书将首先带领读者粗浅地了解 GDP 所涉及的技术问题，随后引出几种各有利弊的潜在替代指标，内容涉及财富、平等性和可持续性的衡量方法，以及诸如“主观福祉”（即我们每个人的幸福程度）之类的指标，不一而足。

由于不想招致不必要的攻击，本书无意向增长宣战。相反，本书旨在向读者展示，当前衡量经济增长的方法存在哪些问题，以期将其拉下神坛。这一方法虽有其内在逻辑，但在经济结构逐步由制造业向服务业、由模拟向数字转变的时代背景下，日益显得有失逻辑。此外，作为一种非常狭隘的方法，它使我们只能透过一扇窗户观察这个世界。而我们需要拓宽视野，让眼睛捕捉到的画面更能如实反映生活。

我之所以有意写这本书，缘于自身20多年的金融媒体从业经验。我曾身处全球五大洲，并作为记者向《金融时报》总部发回报道，且最终得出这样一个结论：通过经济增长这块棱镜看待一切事物的习惯，正扭曲着需要我们真正关注的现实世界。为什么这么说？因为我本人也曾是这个习惯的受害者。我从20世纪90年代开始常驻拉丁美洲，并从事新闻报道工作，我靠自学掌握了依靠关键数据分析GDP的方法，并在几乎每篇报道中加以运用。当时的我既不会仔细思考GDP的真正含义，也不大关心GDP究竟代表什么。

直到几年后，我才对这个问题有了更为深入的思考，这得益于我在日本的经历。当时有关日本经济陷入停滞的传闻甚嚣尘上，因此我也不能免俗地就此展开报道。媒体经常将日本渲染成一个永远处于经济停滞状态的问题国家，称日本缺少让自身摆脱困境的智慧。

然而，这些评价全部有失偏颇。日本纵然存在问题，但其在 20 世纪 80 年代创造的经济奇迹的确震撼了全世界。虽然这个经济奇迹已不复存在，但所谓的“日本以名义 GDP 衡量经济的悲惨境遇”也不完全是事实。[12] 日本的失业率极低，物价稳定，甚至会出现下降，大多数民众的生活水平处于不断提高的状态。与英国、美国、法国相比，日本的各个社区保持完好，犯罪率不高，几乎没有吸毒现象，食品质量与日用品质量处于全球领先地位，人均医疗支出水平和预期寿命位居世界前列。[13] 尽管如此，在经济学的棱镜下，日本却怎么也摆脱不了经济惨败的恶名。

经济学呈现出来的世界观可能是扭曲的。从清洁空气到确保道路安全，从促进就业到宣扬理性思维，这些对人类至关重要的事务都被经济学排除在视野之外。我们当然可以甩手不干，将准确定义经济增长的任务丢给别人，但这么做也就意味着，我们自愿放弃了参与讨论的机会，将对生活的掌控权拱手让给自我感觉良好的经济学家。看看我们现在的处境吧，是时候行动起来了。

第一部分
增长的问题

第一章

库兹涅茨的怪兽

在人类历史上的大多数时期，“经济”的运行机制可以说是一个黑匣子。事实上，几千年来，“经济”这一概念也几乎不存在。产生这种现象的原因至少有两点。其一，18 世纪工业革命前夕，人们对“经济增长”的概念闻所未闻。当时的经济显然比现在的经济要惨淡得多。在农业社会，农业产量主要由天气决定。如果雨量充沛，那么庄稼收成就会好，否则农民就可能颗粒无收。此外，一个农业社会内的不同地区，在生产力水平上存在显著差别。大多数人过着节衣缩食的生活。一个地区的经济发展水平在很大程度上由其人口数量决定。公元 1000 年，仅中国和印度的经济产量就占据全球经济产量的一半以上。在接下来的 600 年间，这一局面没有任何改变（或改变后又恢复原状）。[1]

其二，在封建君主制时代，广义上的经济也尚未形成。对那些自称“君权神授”的幸运儿而言，其自身的财富基本等同于其统治区域内的财富。[2]这种环境使“经济”几乎不具备发展条件。君王的职责除了一如既往地维护奢华王室的权威之外，就只剩下以国库资金“资助侵略战争”这一项职责了。在那个年代，一个国家若想发展壮大，就只能四处征战、扩张版图。倘若君王有能力召集军队，以武力征服其他国家，本国财富就会因此而增加。可随之而来的问题是，君王如何判断本国财力能否负担战争成本呢？在该问题的驱使下，人类历史上早期的一些经济体量算法应运而生。[3]

法国首开先河。1781 年，法国财政大臣雅克 · 内克尔向国王路易十六递交了著名的《致国王财政报告书》。这是人类有史以来首次尝试全面展示一个国家的财政。早在入阁前，内克尔就在银行业名声大噪（看，又是银行家！）。通过这份《致国王财政报告书》，他向路易十六展示了法国的财政数据，并以此证明法国的财政十分稳健。据他估算，当时法国的国家收入比支出高出 1 000 万里弗（法国古代货币之一）。该报告的主要目的是让国王明白，法国当时的财力足以支持美国独立战争，法国可以借助这场战争对抗英国。靠投机发家的内克尔力图证明，法国拥有无比雄厚的财力，可以轻而易举地从别国融到资，再用融资获得的钱资助战争。然而，这份报告巧妙地隐瞒了一个事实：在内克尔的指使下，当时的法国已负债累累。因此，即使是人类史上最早出现的计算国民账户的尝试，亦不过是凭空捏造的尝试。

其实，早在内克尔之前，就有人尝试过计算国民账户，这个人就是威廉 · 配第。他于 1652 年发表的《山地测量》（*Down Survey*）

的文章被视为史上首次系统调查一个国家经济运行情况的尝试。[4]通过一些简单的工具和1 000名士兵的帮助，配第对爱尔兰境内30个郡的山地情况进行了综合测量，测量的总覆盖面积达500公顷。这一举动主要是为了圈出被英格兰将领奥利弗·克伦威尔攻占的天主教土地，并将这些土地中的一部分奖赏给为爱尔兰侵略战争提供经济支持的金主，用另一部分土地抵扣亏欠士兵的工钱。除山地测量外，配第还进行了相当详细的爱尔兰国家资产调查，调查范围囊括船只、房屋及个人财产。在此调查基础上，他得到了预期收入流的数据。此举显然有别于以往单纯清算财富存量的尝试，如1086年发布的《末日审判书》（Domesday Book）等。

查理二世国王重登王位后，配第受命在英格兰和威尔士做了同样的调查。这次，他的目的是帮助查理二世摸清国家经济状况，进而方便国王向子民多征税。配第建议持续跟进并记录国民消费、生产、贸易及人口增长情况，并主张研究劳动力价值和土地价值的评估方法。

虽说早期测量经济情况的尝试都与战争、征税和无条件服从君王等因素有关，但并非所有相关尝试都是出于这些目的。在18世纪的法国，重农学派强调，高效的农业生产是创造国家财富的源泉。与配第的观点有所不同，重农学派认为“生产阶级”主要由农民组成，而那些所谓的“不生产阶级”则主要由手工匠人、专业人员、商人甚至国王组成。[5]由此可见，重农学派眼中的“经济”概念极为贴近劳苦大众，与君主制信奉的概念形成强烈对比。

亚当·斯密的《国民财富的性质和原因的研究》（简称《国富论》）首次于1776年面世，他同样将劳动力分为生产和不生产两种性质。斯密在书中写道："一个人可以因雇用许多生产者而发家致富，也可以因养着许多无用的仆人而一贫如洗。"对有闲阶级来说，这可谓忠言逆耳。除了从事无用工作的仆人外，斯密还将君主、陆军和海军一并纳入"不生产劳动力"的范畴。

不过，以上这些计算国民账户的早期尝试都有一个共同点，就是能够对应该被计算在内的生产活动与应该被排除在外的生产活动进行区分，即划出当今经济学家所称的"生产边界"。简而言之，这些先人都在尝试回答一个目前仍未过时的问题：经济到底是什么？在为国家算账时，作为国家王权的血肉象征，国王应该被算作创造财富的生产力吗？还是像重农学派的人和斯密认为的那样，国王应该被算作只知道挥霍国家财富的不生产劳动力呢？

自此以后，有关"什么应该"和"什么不应该"被纳入国家经济范畴的争论一直延续至今。政府支出应该被算作国家收入的一部分吗？有些人创造劳动价值的方式是为社会提供服务，比如心理咨询师提供健康的思想、小丑分享幽默感、老师教授知识，而他们对社会的贡献并不能用几块马蹄铁或几斤小麦这样简单的计算方式来衡量。20世纪的大多数共产主义国家忽略了服务对社会的贡献。时至今日，我们仍在苦苦寻找更合理的衡量经济贡献的方式。

当今全球各国普遍采纳的国民账户，其实于20世纪30年代才开始真正成型。西蒙·库兹涅茨被视为GDP的创始人，而GDP又是国民经济核算体系的精髓。然而，好景不长，库兹涅茨就像“科学怪人”一样，亲眼看着由自己一手创造出来的经济指标自发地有了生命，并朝着某个预期之外的方向发展。

1901 年，库兹涅茨生于俄罗斯平斯克小镇的一个商人家庭。平斯克的居民大多为犹太人，库兹涅茨的父母均为白俄罗斯犹太人。儿时的库兹涅茨一直生活在沙皇的统治阴影之下，到青少年时期，少数派“孟什维克”的政治理念让他产生共鸣。1917 年 10 月，孟什维克的改革被多数派“布尔什维克”推翻。[6] 同期，库兹涅茨进入乌克兰哈尔科夫国立大学就读，并于之后在该校商业研究所工作，从事经济、历史、统计和数学相关学科的研究。当时的库兹涅茨还是一个心系国家、怀抱远大理想的年轻人。

他的导师告诉他：“观点应建立在观察数据的基础之上。”这一教诲令他受益终身。导师还强调：“经济理论不能与更宏观的历史和社会环境脱节。”库兹涅茨天资聪颖，在校期间就成功发表了个人第一篇有关工厂工资的论文。后来，俄国内战爆发，他的学术研究被迫中断。1922 年，库兹涅茨全家为躲避战乱，从土耳其取道至美国。也正是在美国，库兹涅茨对全球经济产生了深刻且深远的影响。

库兹涅茨在美国哥伦比亚大学继续求学，并相继于 1923 年、1926 年获得学士学位和博士学位。次年，他进入美国国家经济研究局工作。这是一家建于 1920 年的智库机构。也正是在这里，库兹涅茨因为发明了一条曲线而在经济研究领域名声大噪。这条曲线后来以他的名字命名，令全天下的经济学家无不眼红[7]（他还在 1971 年获得了诺贝尔经济学奖）。但他怎么也没想到，这一成就却使经济学理论和现实生活分道扬镳。

库兹涅茨是一个数据迷。在美国国家经济研究局工作期间，与他关系最密切的合作伙伴就是研究局的首位研究主任韦斯利·米切尔。当时，米切尔还兼任由时任美国总统赫伯特·胡佛设立的社会趋势研究委员会主席。因为和米切尔的合作机缘，库兹涅茨进入了美国政府制定政策的核心团体。胡佛曾在竞选期间向美国民众许诺“每家都能吃上鸡肉、开上汽车”。然而，美国民众迎来的却是华尔街崩盘和大萧条。大萧条期间，每四个美国人中，至少有一人失业。对此，胡佛没有采取积极有效的应对措施。他坚信经济有自愈能力，并向民众保证经济繁荣就在下一个转角处。

胡佛的应对不力也不能全怪他。当时，精确描绘国家经济图景的系统方法还没有被发明出来。美国商务部于2000年发布的一份报告对GDP进行了高度赞扬，认为它是20世纪最伟大的发明之一，并引用了一个经济学家的话：“胡佛执政期间的社会景象让每个人的心中都阴云密布，可即便当我读到20世纪30年代富兰克林·罗斯福总统制定的应对大萧条的相关政策时，其对经济的粗略估算程度也令我深感愕然，因为当时的经济数据只有股价指数、货车载量和不完整的工业产量指数。”在如今这个沉迷经济统计的时代，我们很难想象这些粗略的估算能够判断国家经济的运行情况。

显然，这样下去是不行的。1933年，罗斯福就任美国总统后，库兹涅茨临危受命，为美国建立国民账户。在其题为《社会科学百科全书》的文章中，库兹涅茨大致描述了他的构想。让人大跌眼镜的是，他的构想非常简单：将所有人类活动压缩成一个数字。

库兹涅茨是从事这类工作的理想人选。他对一切衡量事物的工作达到了近乎痴迷的程度。有人将库兹涅茨的经济分析方法比作医生针对患者的会诊方案，因为两者都将结论建立在观察到的事实之上，只不过库兹涅茨观察到的是数据，而医生观察到的是症状。然而，医生要想对患者做出诊断，除运用医学知识外，还需对患者积极发问，以期从患者主诉的种种症状中提炼出合理观点。但对库兹涅茨而言，他需要的不是巧妙的发问，而是地毯式的全面排查。[8]

库兹涅茨首先将美国工业分门别类，比如能源业、制造业、采矿业和农业。政府给他配备了 3 个助手和 5 个统计分析师。他们一起访问了各地的工厂、矿场和农场，采访了许多企业主和管理人员，并在笔记本上记下一串串数字。[9]尽管这种程度的数据收集工作无法形成今天这样的规模，但基于调研的衡量方法是不变的。直到今天，衡量经济体量的方法仍然是依据调研获得的数据向外推算，而非对采集到的数据进行简单求和。

库兹涅茨的调研团队的成员踏遍了美国的每一寸土地。他们向农民和工厂管理人员提出了很多问题，比如正在生产什么产品，产量是多少，以及购买了多少东西用以生产产品。他们共享数据，以便比较结果，并从中剔除异常值。库兹涅茨明白，孤立看待一个个数据点基本是无意义的，调研团队应对它们进行综合解读。直到 1942 年，库兹涅茨的调研团队才首次公布了完整的 GNP（国民生产总值）数据。但早在这之前，库兹涅茨的工作就已硕果累累。[10]1934 年 1 月，库兹涅茨向美国国会递交了第一份报告。这份具有历史意义的报告长达 261 页，其报告的名称也可谓圆了一个经济学家的毕生梦想——《1929—1932 年国民收入》。

这份报告明确指出了这些数据能反映什么和不能反映什么。库兹涅茨自称："（本报告的）统计结果仅仅是一些估值，它们充其量是考虑周全的猜测而已。"[11] 他明确表示："一个国家的综合实力几乎不可能仅靠这些估值来体现。"报告结论无异于一颗重磅炸弹，令国会议员措手不及——自华尔街崩盘以来的三年间，美国经济体量几乎缩水一半。

库兹涅茨的发现成了罗斯福总统推行第二阶段的新政的理论依据。该阶段的经济复兴计划更加雄心勃勃，政府将大量资金投入公共事务、农业补助及社会保障领域，以期让美国经济脱离持续衰退的死循环。这次不再是粗略估算，库兹涅茨以更加翔实的数据分析与解读为出发点，为执政当局制定激进的经济复苏政策提供了坚实的理论依据。但他也曾提醒当局，GNP 本身毫无价值可言，并亲口说出了一句振聋发聩的话："那个数字虽然引人注目，但它并不重要。"例如，库兹涅茨在对美国社会做了更细致的分析后发现，贫富差距在大萧条期间反倒被进一步拉大，与白领阶层的工资水平相比，蓝领阶层的工资水平降幅更大，产权所有者收取的租赁费一度升至史上最高。正是基于这些发现，罗斯福才敢于推行激进的就业刺激政策，比如失业救济、禁止雇用童工和允许缔结工会等政策。可以说，库兹涅茨为新政的诞生立下了汗马功劳。

至此，库兹涅茨的工作还远没有结束。1936 年，他参与组织了美国首届收入与财富研究大会，学术泰斗与政界高层汇聚一堂。也正是在这次会议期间，GNP 这一术语首次被人们使用。从前三届的大会实况记录来看，与会人员在什么应该被衡量和什么不应该被衡量上存在严重分歧。

尽管库兹涅茨被视为“GDP 之父”，但自 20 世纪 40 年代以来，人们对他的方法论做了几次重大改进，而这些改进最终违背了库兹涅茨的初衷。库兹涅茨毕生追寻的是一种能够改善国家福利的措施，而非对一个国家所有人类活动所产生价值的简单求和。他想取缔一切非法活动、对社会有害的工业活动，减少政府支出。然而，他终究没能解决这些问题。一位研究国民经济核算体系的学者评论道：“与其说库兹涅茨是‘GDP 之父’，倒不如说他是‘GDP 最大的反对者’。”[12]

****

第二次世界大战带来的最严重的后果之一，即美国发明了人类史上首颗原子弹。科学家们制造了原子弹，其中的一些科学家是从纳粹德国逃至美国的，他们在新墨西哥州的沙漠里致力于创作具有最高机密的“曼哈顿计划”。原子弹不仅是二战的产物，还是二战的终结者。相较之下，GDP 的故事则更加鲜为人知。它之所以被催生出来，也与当时的美国和法西斯国家之间的生死较量密不可分。与原子弹一样，GDP 的发明也对二战产生了直接影响。库兹涅茨就像那些参加“曼哈顿计划”的科学家一样，事先并不情愿参与这类创作。

库兹涅茨认为，国防支出不应被纳入经济收入的计算范围之内。二战期间，他迫于政治压力，不得不将用于反对法西斯的军备支出纳入计算。但在和平时期，他依然主张一个国家发动战争的能力对提高人民福祉并无助益。1937 年，他在文章中写道：“构建国民收入项目，应从一种‘理性的社会哲学’视角出发，并将‘对社会有害’的一切活动排除在外。”他认为，首先应当被排除的项目是与军备有关的一切花费。在库兹涅茨看来，国防支出实为一种折损整体福利的项目，因为它压榨了个人的消费能力，且它在本质上只是一种自卫行为。倘若国防支出是一个不可或缺的项目，那么它在账目中理应被算作一项支出，而非收入。

然而，就连国民收入本身也是战争的产物之一。在人们就 GDP 争论不休之前，库兹涅茨本人就已输掉了这场战役。自 1940 年起，库兹涅茨主办的收入与财富研究大会就转为闭门会议，有关美国经济情况的各项讨论成了政府和经济学界共同谋划的最高机密。1942 年，库兹涅茨加入战时生产董事会规划委员会，其主要任务是判断美国经济是否还有余力支持弹药生产。说得更笼统一些，库兹涅茨需要评估美国的经济实力能否支撑其在欧洲和亚洲全面发动战争。自日本偷袭珍珠港事件发生后，美国与日本一直处于交战状态。

库兹涅茨全身心地投入这一任务。他试图找出使美国的经济收入与国防支出达到平衡的最佳方法——在维持国内消费、保持美国经济缓慢增长的同时，支持国家建造作战机器。政府和军界在哪些生产资料可以被征用甚至被国有化方面争论不休。其中不乏库兹涅茨的一些同事，他们认为在不影响国内消费的前提下，美国经济尚有能力支持战争。这些经济学家甚至可能影响了美国加入二战的时机，因为他们认为美国推迟参战至 1943 年末或 1944 年初，将更有可能取得全面胜利。[13]

较美国而言，纳粹德国缺少的不仅是能够扭转战局的原子弹，还有能够助其一臂之力的统计学家和经济学家。于是，二战结束时，在建立国民账户方面取得显著成果的不是纳粹德国，而是美国。[14]

****

与此同时，另一股强大势力开始撼动库兹涅茨的地位。1940 年（库兹涅茨加入战时生产董事会规划委员会的两年前），英国著名经济学家约翰·梅纳德·凯恩斯出版了一本名为《如何为战争买单》（*How to Pay for the War*）的小册子。小册子的名称虽不起眼，但小册子一经面世后轰动一时。这本书的出版正值英国与纳粹德国鏖战，凯恩斯认为当时的经济统计过于粗枝大叶，以致他无法准确计算出英国究竟还有多少资源可投入战争。于是，他在《如何为战争买单》的开篇写道："本书旨在寻求如何最有效地调和战争需求与个人消费需求的方法。"

为了改变国家资源紧张的局面，凯恩斯努力寻找提高政府举债能力的方法，以便政府能够资助战争。他写道："为了计算除了个人消费之外的经济蛋糕还剩多大，我们需要对各类项目进行估算，如经济的'最大化产出'，依靠外汇储备购买进口商品的状态还能持续多久，以及英国还需在枪支、飞机和士兵上花多少钱。"据其粗略但有效的估算，更多劳动力投入更长时间的生产的方式，或可让英国经济的产出增加 15%~20%。但他也抱怨道："这些估算结果依据的统计数据非常有限。一战以来，历届英国政府一直采用不科学的方法有意隐瞒大量事实，并将收集基本事实的工作视为浪费金钱。"最后，他得出结论：只有政府最适合收集、处理这些统计数据，如果缺少这些数据，那么政府无异于在黑暗中跌跌撞撞地前行。

故事还没结束。在凯恩斯理论出现之前，人们在确定国家经济范畴时，都将政府行为排除在外。但凯恩斯认为，政府在经济中扮演着至关重要的角色，尤其在经济下滑时所扮演的角色更是不可或缺的。因此，他提倡以政府支出刺激需求。如果政府支出被排除在 GDP 的计算范围以外，那么其在经济中所起的重要作用将受到削弱。而此前的国民收入一直被视为市场活动之和，或是个人在支出、投资和消费方面的加总。[15] 这个定义将政府完全排除在外了。

库兹涅茨认为，大多数政府支出（如修建公路）都是一种间接成本，因为它们对我们的经济增长起到了间接促进作用。但在凯恩斯看来，这恐怕犯了概念上的错误。倘若政府支出被排除在外，那么无论国家在战争上投入多少，反映在国民账户上的都是一种负增长。政府投入越大，用于拉动内需和投资的经济体量就越小。凯恩斯理论主张政府行为应被纳入国家经济范畴。

这一论断重新定义了“经济”的概念，它几乎具有划时代的意义。凯恩斯理论使新概念能够被应用于国民账户的实际计算工作中，并能对经济产生持久影响力。如果概念没有被重新定义，那么我们今天所熟知的凯恩斯财政刺激措施将难以站得住脚。只有将政府行为纳入国家经济范畴，政府支出才能被视为经济产出的组成部分。从这个角度看，英国在战时形成的经济定义现已成为全球共识。[16]

凯恩斯理论对英国产生了巨大影响。在凯恩斯理论的指导下，英国财政部委托理查德·斯通和詹姆斯·米德这两位年轻的英国经济学家构建英国第一套现代意义上的国民账户。相关研究文章于 1941 年发表，且带着浓重的凯恩斯理论色彩。凯恩斯理论很快传到了位于大洋彼岸的美国。对当时为了资助战争而建立国民账户体系的美国政府而言，这无疑是雪中送炭。就这样，尽管库兹涅茨反对凯恩斯理论，但其反对之声在崇尚“一切从国家利益出发”的现实政治派的声音面前，完全被人们忽视了，并被凯恩斯理论推到边缘。此后，凯恩斯喧宾夺主，成为人们眼中 GDP 的真正发明者。一位评论家因此写道：“凯恩斯不愧为‘经济史上最守口如瓶的人之一’。”[17]

使库兹涅茨失去影响力的还有第三股势力。库兹涅茨认为，任何有损社会福利的项目必须被排除在经济产出的范围以外。这类项目不仅包括军备，还有广告、投机，甚至赌博、勒索和卖淫等各类非法活动。决定“什么应该”和“什么不应该”被纳入国家经济范畴的行为有点儿像做蛋糕。我们选择的食谱不同，做出来的蛋糕味道和口感自然也不同。此外，我们还可以给巧克力蛋糕加点儿馅料，就像给干瘪的“经济海绵”注水一样。因为库兹涅茨认为国民账户只应衡量对人类有益的经济活动，所以他的“经济蛋糕”食谱存在各种限制，他的“经济蛋糕”可以说是索然无味的。库兹涅茨终究还是在这场辩论中败下阵来，因为流传后世的“经济蛋糕”食谱教我们做的是一种表面有鲜奶油和糖霜的双份巧克力软糖蛋糕。一切经济活动，无论好坏，全部被纳入其中。与黄油和奶油一样，经济增长也并不总是有益于身体健康。

库兹涅茨用他略显生涩的文字，就这件事表达了以下观点：

> 从一种更加理性的社会哲学角度来看，我们在计算GNP时，若能有选择性地剔除一些因素，那么这将会赋予GNP更多的价值。这种做法超越了功利社会的狭隘视野，将对社会有贡献的活动真正剥离出来。为了将GNP从一个国家的整体支出中独立出来，我们应减去军备支出、大多数广告支出及许多涉及金融和投机行为的支出。[18]

如今，我们计算经济增长的方法恰恰忽略了库兹涅茨的警示。银行规模越大，广告内容越能诱使消费者产生消费行为；犯罪性质越恶劣，医疗服务越贵，我们的经济增长数字就越好看。尽管这与库兹涅茨的初衷背道而驰，但我们依然我行我素。

第二章

罪恶的收入

2012 年的某一天，两位在英国国家统计局工作的统计学家开始了一项非比寻常的工作：统计全英国的性工作者数量。约书亚·阿布拉姆斯基和史蒂夫·德鲁之所以开展这项工作并不是因为好玩，而是因为接到欧盟统计局的指令——所有欧盟国家统一制定国民收入的计算标准。

当时，欧盟国家在计算国民收入方面存在不少分歧，包括如何对赌博、卖淫和赃物买卖等非法活动进行处理。库兹涅茨认为，只有对人类福祉有益的活动才能被纳入国家经济范畴，但究竟该由谁来界定哪些活动才是对人类福祉有益的活动呢？库兹涅茨认为，广告活动是没有价值的。同理，其他活动的价值自然也是“仁者见仁，智者见智”。比如有人认为玩游戏是浪费时间，有人认为吸烟、饮酒、吃垃圾食品对人体有害，因而它们不应被纳入国家经济范畴。

几年前，欧盟统计局成功调解了相关纠纷——相关方自愿参与的金钱交易均可被视为合法经济活动。[1]毕竟，一些欧盟国家因使卖淫合法化而闻名。以荷兰为例，在阿姆斯特丹运河两岸，妓女们公然坐在商店橱窗旁等待接客。同理，在另一些欧盟国家，某些毒品的使用同样已合法化，而买卖这些毒品的活动自然也被算作该国经济活动的一部分。为了在欧盟范围内实现一致，欧盟统计局希望所有欧盟国家采用统一的计算方法。[2]根据欧盟统计局的理解，国民收入衡量的是一个国家在一定时期内的产品和服务产量，因而无须区分产品和服务的“好”与“坏”。倘若连炸弹和金融衍生品（银行业发明出来的“易燃易爆物”）都能被纳入计算，那么一针海洛因或一小时的卖淫服务又有何不可呢？

回到前面的话题，为什么阿布拉姆斯基和德鲁需要算出卖淫活动对英国经济的贡献量呢？他们又能从哪些渠道采集到信息呢？可想而知，他们不可能直接走进附近的红灯区，考察究竟有多少性工作者。身为统计学家，他们自然会选择从论文中寻找答案。[3]然而，论文中的有价值信息太少，他们根本无法计算出全英国有多少性工作者。不用想也知道，政府在开展人口普查工作时，基本上不会关注每家每户使用了多少性服务。于是，阿布拉姆斯基和德鲁转而将注意力投向一份 2004 年的伦敦妓女街头调查报告，外加一份伦敦警察厅有关首都街头妓女数量的估算报告。[4]基于这些信息，他们最终估算出了 2004 年全英国的妓女数量。接下来，借助国家公布的 16 岁以上男性人口普查数据，以及妓女数量与男性人口数成正比的假设，他们推算出了 2009 年全英国的妓女数量。

最终结果显示，2009 年，英国境内共有 60 879 名妓女。虽然这一数字已令人感到非常震惊，但其准确性还有待商榷，毕竟两位统计学家在估算的过程中默认性工作者为女性，而忽略了男性性工作者。[5] 不论怎样，估算出妓女数量后，两位统计学家还需要估算出她们提供的性服务对经济做了多少贡献。为此，两位统计学家需要知道每名妓女的平均接客数量，以及单次服务收费情况。他们再次将目光投向论文。这次他们依据的是一份荷兰研究者发表的文章，并从中找到了每名妓女的月平均接客数量。在服务收费方面，他们参考了一个专供男性为其获得的妓女服务进行评分的网站的数据。网站数据显示，每名妓女每周平均接待 25 名顾客，每次平均收费 67.16 英镑。基于这些数据，两位统计学家最终算出了 2009 年英国人在卖淫活动上的总支出。

除卖淫活动外，阿布拉姆斯基和德鲁还对贩毒活动做了类似的估算。他们研究的毒品对象仅限于可卡因、海洛因、大麻、摇头丸和冰毒（如果一个人吸食的毒品不在此列，这个人就对经济没什么实质贡献）。此外，他们还将制毒过程中涉及的消费剔除，例如，他们在大麻成品价格中减去了栽种大麻所需缴纳的电费，从而得出一个净支出数值。[6]

虽然阿布拉姆斯基和德鲁的统计工作看起来有些荒唐，但它却引起了英国媒体圈的一阵小骚动。因为无论我们选择计算什么或不计算什么，这项工作都能带来实实在在的影响。《金融时报》通过一篇社论发表了两位统计学家的估算结果——性服务和毒品消费为英国经济贡献了97亿英镑，承担了英国每年的国防开销（约占GDP的2%）。报道一经刊登，有人就给《金融时报》写了这样一封信[7]：

> 贵社社论《在国防支出面前，要么战斗，要么逃跑》援引北大西洋公约组织的"GDP的2%"作为参考标准，这不得不说是一种估算国家国防预算规模的怪异方法。倘若将该标准应用于英国，并将卖淫活动与毒品活动计入GDP，这就会给人一种错觉：近期英国经济之所以增长，是因为性服务和毒品消费的增加；我们甚至可以说，真希望妓女们工作再努力一些，这样部队就能再多买几支枪了！

采用不同口径计算经济体量，将使国与国之间的经济对比发生扭曲。而在对比国家经济时，GDP又是经常被使用的指标之一。以美国为例，非法活动虽然不被计入经济体量，但枪支买卖被视为合法活动，因而被纳入国家经济范畴。相较之下，欧洲大部分地区都将枪支买卖作为非法行为处理。

毒品在毒品消费国美国和毒品生产国哥伦比亚受到的待遇也大相径庭。尽管毒品对哥伦比亚经济的贡献在逐年下降，但它一直是该国经济活动的组成部分。2010年，继头号毒枭巴勃罗·埃斯科巴尔的贩毒集团倒台后，毒品对哥伦比亚经济的贡献比例大幅下降。但在20世纪80年代末，哥伦比亚的贩毒活动盛极一时。据哥伦比亚罗萨里奥大学的经济学者里卡多·罗查提供的信息，当时仅可卡因对哥伦比亚经济总量的贡献，就占到本国GDP的6.3%。[8]至2010年，哥伦比亚境内的贩毒集团不再“尽职尽责”，其对经济总量的贡献也下降至1%。

这些非法活动对经济总量的贡献并不是无足轻重的。1987年，意大利就发生了轰动一时的“超越”事件，事件经过与一部经典电影《安逸人生》（*Il Sorpasso*）中的情节一样戏剧化——意大利人一觉醒来，发现自己所在的国家取代了英国，一跃成为全球第五大经济体。为什么呢？因为意大利统计局改进了经济衡量方法，将其因偷税漏税而获得的一大块灰色经济收入也纳入了经济体量。结果，意大利的经济体量狂飙18个百分点，这不得不说有黑手党的功劳。正如意大利最有影响力的财经类报纸《24小时太阳报》的编辑马西莫·埃斯波西托说的那样：“一觉醒来，我们突然发现自己原来比想象中活得好。”[9]

我们对经济的衡量方法能够影响我们看待自己的方式。除此之外，它对政策也有影响。既然性服务和毒品消费对英国经济做出了如此重大的贡献，那么它们自然应被合法化（并纳税）。这对我们生活的影响不太大，但对政策的影响却很大。例如，政府会因军备对国家经济做出的巨大贡献而置人民死伤于不顾，公然鼓励军火商大肆生产。

同理，由于烟草公司一边为经济做贡献，一边依法纳税，因此全球各国政府也对烟草公司的行为睁一只眼闭一只眼。烟草的隐性成本，比如损害人体健康、增加医疗支出，甚至缩短人的寿命等，已被普遍认为是烟草的经济贡献的必然副产品。此外，相应增加的医疗服务需求和癌症治疗需求同样有利于经济增长。这个典型的例子展示了我们优先保证经济增长的方法，且我们未曾停下脚步思考背后的动因。由于经济利益几乎是我们制定政策时的唯一动机，因此为了保证经济增长，我们并不十分在意肺癌患者的数量是否在增加。如果我们将烟草生产从经济活动中剔除，那么这不仅不能帮助广大烟民戒烟，还将迫使政府调整激励措施及对烟草行业的监管政策。

如果一个政治家为了实现保障事业或社会生态环保事业的发展而牺牲经济增长的话，那么等待他的将是惨淡的政治生涯。比如，为了应对全球变暖问题而加大汽油税征收力度的做法，势必有损经济增长。这对任何一个美国政治家而言，都是不可能做到的事。事实上，美国总统特朗普之所以宣布退出《巴黎协定》，就是为了促进经济增长。虽然此举对解决气候变缓问题有害无益，但帮他赢得了美国部分民众的强烈支持。澳大利亚前总理陆克文曾试图引进一套有助于减少碳排放的贸易体系，却因其可能导致商业成本上升、对经济造成损害而被否定，最后，他黯然下台。[10]

是否将卖淫活动和毒品活动纳入英国国民收入的争议，使相关问题被暴露出来。这些问题驱使我们思考——我们到底在衡量什么，以及我们理想中的社会是什么样子。按照两位统计学家的逻辑，难道我们不应该把职业杀手和勒索保护费的组织获得的收入计入国民收入吗？假如一个职业杀手有偿提供非法服务，那么这就是一场“相关方自愿参与的金钱交易”，这不正好符合欧盟统计局对“合法活动”的定义吗？

那么赃物买卖产生的收入是否也该被计入国民收入呢？其实，我们已经在这么做了。正如国民账户专家桑吉·马哈贾解释的那样，盗窃与销售赃物之间存在本质区别："如果我偷了你的法拉利跑车，那么这是一场被迫交易，自然不应被计入国民收入。但如果我卖了你的跑车，再用赚到的钱去福南梅森百货商店买了一盒鱼子酱和一瓶波尔多红酒，那么这笔交易就使百货商店的销售额增加，而卖跑车的钱就是合法的经济收入。"马哈贾还说："我可不想在《太阳报》上看到有关'盗窃行为有助于经济增长'的头条新闻，但从某种意义上来说，盗窃行为的确有助于经济增长，因为窃贼在没有生产任何商品的前提下获得了收入。销售同一辆法拉利跑车获得的收入，被两次计入了国民收入。"

马哈贾深知这种思维方式不合逻辑。但他也表示，国民收入从未试图伪装自己，它更不屑于以增进人类福祉为己任。"国家要想提高 GDP，就该多征收增值税，鼓励吸毒、卖淫和战争。"马哈贾说，"听起来，我们像身处一个寻欢作乐的世界，不是吗？"

****

英国威尔士纽波特市的郊区（离阿斯克河不远的地方），有一个矗立于强风中的商业园区。一排单调的低矮建筑坐落在园区内，其楼身由砖和玻璃砌成。这种建筑风格让建筑师背上骂名，因为这里一看就是统计学家们每天伏案计算的地方。楼前的草坪上有一块高高立着的米白色标识牌，标识牌以两根金属杆支撑，此外再无景观设计可言。标识牌上有“国家统计局”几个字，还有一句威尔士语“注意：不要惊扰正在工作的统计学家们”。

2007年，英国国家统计局宣布办公楼即将从伦敦搬往威尔士，所有定居伦敦的员工都主动请辞，拒绝跟随大部队搬迁至威尔士纽波特。这在威尔士旅游发展局看来，可不是什么光彩的事。

为英国政府做统计工作是一个吃力不讨好的活儿。尽管国家统计局里人才济济，但据《金融时报》的一项调查发现，仅10%的英国人认为国家统计局公布的数据是准确的，而绝大多数英国人认为这些统计数据受到了政治操纵。[11] 虽然几乎没有人认为这些数据是可靠的，但如果这些数据没能被按时公布，那么这也会引起公愤。2010年6月，国家统计局承认在统计数据中发现潜在错误，因此将延后发布国民收入数据。长达两周的延迟在市场上引起轩然大波。坊间对政府“修改经济增长数据”的事件议论纷纷。最后，国家统计局发布的数据显示，英国的经济衰退程度比预想的更严重，经济增速从巅峰降至谷底，降幅达6.4个百分点，而非此前声称的6.2个百分点。

英国国家统计局不仅被迫搬迁，还面临着预算缩水几百万英镑的窘境。预算减少导致调研的样本量减少，统计学家们甚至得彻底放弃某些统计数据的采集工作。2011年，英国人口普查工作耗资高达4.8亿英镑。[12] 鉴于如此高昂的成本，英国政府曾有过放弃开展下一次人口普查工作的想法，即使人口普查数据是其他统计数据的基础。正如凯恩斯在60多年前指出的那样，数据收集工作永远不会是政府优先考虑的工作。

对在纽波特工作的约650个人而言，每个季度末的时间点就像是一把发令枪。他们只有25天的时间做出初次估算，而此前采集相关信息的耗时最长可达三年。因此，第一次对外发布的数据只是粗略估值。之后，这些数据会得到修正。英国国家统计局分别会在第一季度末后的25天、55天和85天发布统计数据。在年度最后一次发布数据前，90%的相关数据均已采集完毕。[13] 虽然全球不同国家的政府统计机构发布数据的时间有细微差异，但其工作方法大体相同。

目前，GDP的计算方法有三种。尽管每种方法采用的数据不同，但从理论上说，它们是殊途同归的。然而，在实际操作中，由于数据和假设错综复杂，各种方法得出的最终结果变得截然不同。因此，政府统计机构不得不去掉可疑的异常数值，以此调和不同数据间的矛盾。

我们在深入了解这三种GDP的计算方法之前，不妨先看一个定义。英国国家统计局的座右铭是“更好的数据，更好的决策”——言简意赅，堪称行业典范。英国国家统计局将GDP定义为“某一时期生产的产品和服务价值”。这个定义看起来未免太过简单，不禁让我们思考，为什么得出如此简单的一个定义，却需要花费好几百年的时间？

GDP的第一个字母“G”表示“总值”，即一个没有减去任何东西的数值。[14] 库兹涅茨也曾考虑过是否应该让GDP变为净值，将经济机器在长年累月的成品生产过程中产生的自然损耗剔除。GDP的第二个字母“D”表示“国内”，即在一个国家的境内。这一概念有别于 GNP 中的“N”（国民）。“国民”锁定了一个国家的所有企业生产的东西，无论企业位于境内还是境外。在当今这个跨国企业遍布的时代，分清“国内”和“国民”的概念至关重要。最后，GDP 的第三个字母“P”表示“生产”，即一切具象的产品和抽象的服务。

GDP 的三种计算方法分别是产出法、支出法和收入法。[15] 它们可以衡量花了多少钱、挣了多少钱，以及生产出了哪些东西。在理想情况下，一个经济体生产的东西（包括进口产品和出口产品）应当被消费者全部购买，同时消费者的支出水平应与其收入水平相符。这就是为什么从理论上说，GDP 的三种计算方法应当得出一样的结果。

“产出法”是指在一个经济体内，各行各业（工厂、农场、烘焙店、理发店等）生产的一切产品与服务的总和。这种计算方法并不直截了当，因为产品与服务很容易被重复计算。以一家烘焙店为例[16]，为了算出这家店的产量，我们不能将甜甜圈、长面包、牛角面包的产量进行简单求和，因为这样做必然会涉及项目的重复计算。例如，制作面包需要的面粉量，已在计算磨坊工人的产出时被计算过一次；而制作面粉所需要的小麦，又已在计算小麦农户的产出时被计算过一次。

因此，我们若想计算出一片面包对经济的贡献量，就得学会识别其在生产环节中的“增值”项。从面粉到德式长面包的加工过程，就是一个增值的过程。除面粉外，黄油、电力、人力和房租，也都属于面包生产环节中的增值项。在成品被制造出来前，应该减去所有中间品的价值。就这样，产出法的计算公式简单到令人难以置信：GDP = 一定时期内生产的所有产品和服务的价值 – 所有中间品的价值。

第二种计算 GDP 的方法是“支出法”。它计算的是经济学家提出的“总需求”，即家庭、企业和政府的所有“支出”项。由于计算的对象是“国内”生产总值，因此它还需将产于国内的出口产品纳入计算范围，并将产于国外的进口产品剔除。相应的计算公式为：GDP = 家庭消费支出 + 政府支出 + 企业投资支出 – 出口产品额冲抵进口产品额后的剩余量。这可能是目前经济学家们最广泛使用的计算 GDP 的方法。[17]

第三种计算 GDP 的方法是“收入法”。它衡量的是一个经济体获得的所有收入，主要包括员工工资、企业利润、分红、租金和税费等。因此，这种方法向我们传达的信息是，我们的收入有多少，经济蛋糕就有多大。

与欧美地区的大多数国家一样，英国国家统计局也依靠抽样调查获取数据，而这些样本当然无法包含一个经济体内开展的所有交易。“没有一台计算机能够在空中飞来飞去，实时计算所有票据的数额，”曾公开批评经济衡量方法的作家乌玛尔·哈克表示，“抽样调查十分粗略，它并非神圣不可侵犯的经济衡量方法。”[18]

再举一个贴近生活的例子。英国国家统计局不可能对一个人的所有行踪都了如指掌，因而不可能知道这个人何时走到家附近的商店，买了一包无花果夹心饼干或一个皮搋子。但国家统计局可以从几种渠道获得信息：一是各个饼干公司，它们清楚自己生产了多少包饼干；二是大大小小的超市，它们清楚自己卖了多少包饼干；三是一些消费者，由于他们对无花果夹心饼干的美味最有感触，因而他们对自己究竟买了多少包饼干心知肚明。然而，国家统计局不可能走访全英国的每户家庭，询问他们上一周买了多少包饼干和多少个皮搋子。国家统计局依靠的是抽样调查，其中最重要的抽样调查的类型之一即“生活成本和食品调查”。国家统计局会派出一名调查人员，让其与受访家庭成员进行面对面访谈，记录受访家庭中的每个人（包括儿童）在一周或两周内的支出情况。在 6 500 万英国人中，每年约有 5 000 人被要求填写这类调查表格。

国家统计局对企业进行抽样调查的力度更大。国家统计局每月会向英国各类企业发出 45 000 份调研问卷。正如库兹涅茨所做的那样，统计学家们按行业对企业进行分类，并对各细分行业的企业进行抽样调查，力求最终获得的调研数据可反映行业全貌。联合国制定了《行业分类国际标准（第四修订版）》。如果你很喜欢读书，那么阅读这份文件对你来说实在是一大享受。文件长达 290 页，你可以在每一页找到各种企业的所属分类。随手一翻，你就能看到诸如“游轮垂钓企业”“行李箱、手提包生产企业”“马具生产企业”等企业大类名称。大类又被进一步细分成十几个子类，最后所有子类的并集就是国内企业的全貌。这就像是在投票选举现场举行的民意调查，并非每一个现场选民都会被问及投票情况，但只要民意调查的抽样样本足够大，民意调查就能较为可信地反映全国选民的投票情况。

除抽样调查外，统计学家们还从所谓的“行政数据”中采集到了更多信息。行政数据是指政府在日常工作中，并非出于统计目的而收集的数据，如驾照信息、身份信息、户籍信息、海关清关记录、纳税记录等。这些信息的覆盖面更广，因为它们通常是覆盖所有人群的真实数据，而非基于抽样调查结果推算出的数据。对一家资金出现严重短缺的统计机构而言，利用行政数据开展统计工作的另一项好处在于，可以免费使用其他政府机构提前收集好的数据。2015年，英国国家统计局宣布了一个决定，它们将直接采用英国税务海关总署收集的“增值税返还”数据，并预估此举将使相关调研工作量减半。

一旦收集到足够的数据，统计学家们的工作就正式启动了。不同类别的数据分别被运用于三种不同的 GDP 计算方法中。接下来，三种计算方法得出的结果必须通过一种“供应与使用表”的矩阵被比较和调和。

最后，统计学家们必须剔除季节因素和通货膨胀因素对数据的影响。例如，如果人们总是喜欢在每年的某个月购置汽车的话，那么统计学家最好剔除这种季节因素对统计数据的影响，否则由此得出“这个月汽车销售额大幅上升”的结论并无太大意义。这也正是为什么我们不会在 1 月份报纸的头版头条上看到这样的新闻标题：《圣诞树销量飙升，经济增长势头迅猛》。

除季节因素外，通货膨胀因素对经济的影响甚至更大。在正常情况下，经济增长需要剔除通货膨胀因素带来的影响，否则 GDP 数值将带有误导性。毕竟，在 15% 的 GDP 增长中，可能有 14% 的增长都是物价上涨的结果。人们对“真实的”经济增速更感兴趣。为了计算实际 GDP，统计学家要么比较产量大小（而非产值大小），要么运用 GDP 缩减指数剔除通货膨胀因素的影响。[19] 我们回到本章开头阿布拉姆斯基和德鲁两位统计学家的故事，在掌握了所有必要的数据后，依照上述三种方法，他们就能轻而易举地计算出卖淫与贩毒活动对 GDP 的贡献量了。

第三章

好的、坏的与看不见的

2012 年夏，已退休的 64 岁的销售助理贾尼丝在位于康涅狄格州斯坦福德市附近的家中突发胸痛。[1] 她被救护车送往4英里①外的医院，经过 3 个小时的检查，一位医生与她做了简短沟通。最后，她被告知引起胸痛的原因只是消化不良，并被送回了家中。所幸她的身体没有大碍，但问题却出在了巨额的医疗费上：救护车服务费 995 美元，医生诊疗费 3 000 美元，医院各项检查费 17 000 美元，共计花费约 21 000 美元。[2] 医治区区一个消化不良，怎么可能需要如此高昂的医疗费呢?

医院收费单上有三项肌钙蛋白 I 型检查，每项检查需花费 199.5 美元。肌钙蛋白的检查对象是血液中的与心肌梗死相关的蛋白水平。

---

① 1 英里 ≈1.6 公里。——编者注

从贾尼丝的医疗费账单上看，由 chargemas（一款计算患者应付费用的软件）记录的医疗服务项目的价格高得离谱，且与成本并无关联。当医院管理人员被问及价格高企的原因时，他们变得神色慌张，迅速转移了话题。

肌钙蛋白检查在 Medicare（美国政府医疗保险计划）的报销范围之内。如果贾尼丝已参保 Medicare，那么她做这一项检查只需花费 13.94 美元，而非 199.5 美元。但退休在家的贾尼丝既未享受到企业为员工提供的商业保险，也因年龄未达 65 岁而无法参保 Medicare，因此仅仅一套血象检查就能让她花费 157.61 美元，而非参保 Medicare 后的 11.02 美元。此外，像泰诺林这种药物成分为对乙酰氨基酚的普通感冒片剂，其医院销售价是药品出厂价的 100 倍。从斯坦福德市立医院提供的医疗费账单上看，院方一年之内从贾尼丝这样的患者身上收取的化验费总额高达 2.93 亿美元，而其成本不过为 2 750 万美元。对一家非营利医院而言，这可不是一笔小数目。

美国政府每年的医疗支出占 GDP 的 17%[3]，这一比例几乎是大多数发达国家的两倍。英国每年的医疗支出占 GDP 的 9%，日本为 10.2%，拥有世界级医疗体系的法国为 11.5%。新加坡的医疗水平在全球同样名列前茅，但其医疗支出仅占 GDP 的 4.9%，甚至不及美国的 1/3。美国人一周的医疗支出就超过了 550 亿美元，这几乎相当于为 2012 年的飓风“桑迪”支付的清理费用。

别以为如此巨额的支出就一定能带来非常好的结果。在发达国家中，美国的卫生产出并不理想，甚至在某些指标上显著落后于其他发达国家。就人均寿命而言，美国位居全球第 31 名，排在哥斯达黎加之后。[4] 日本以 83.7 岁的人均寿命成为全球最长寿的国家，而美国的人均寿命只有 79.3 岁。换言之，日本人支付的医疗费用几乎比美国人少一半，却反倒比美国人平均多活 4 年。

未来，美国与其他发达国家之间的医疗差距可能越来越大。近期，来自权威医学杂志《柳叶刀》的一项研究显示，由于全民免费医保、儿童营养保障和医疗新技术的快速应用，到 2030 年时，韩国女性的平均寿命预计可以接近 90 岁。相较之下，该研究还发现，到 2030 年时，美国人的平均寿命将在所有发达国家中处于最下游。[5] 在婴儿死亡率方面，美国的表现也不够好。婴儿死亡率是指婴儿出生后不满周岁的死亡人数同出生人数之比。2015 年，美国的婴儿死亡率为 0.572%，位居全球第 57 名。比美国的婴儿死亡率稍高一点儿的国家是波黑，而婴儿死亡率最低的国家是摩纳哥（0.182%）。

美国医疗体系的支持者对这些数据提出了质疑。他们认为这些原始数据不足以反映不同国家在饮食、民族、贫富分化和社会问题（如毒品滥用）上的分歧。它们也没有考虑美国居高不下的暴力致死人数，其中又以枪击致死人数尤甚。这些支持者还辩称，婴儿死亡率数据可能不具有可比性，因为在不同国家，测量这些数据的口径是不同的。尽管这些反对意见可能具有其合理性，但考虑到美国医疗行业里存在各种各样的游说团体，因此这些反对意见无疑含有水分（甚至可能高达 100 倍）。[6]

然而，鉴于大药企赚得盆满钵满，因而我们真的很难有底气说美国人支付了高昂的医疗费，也确实享受到了货真价实的医疗服务。那么，到底是什么因素导致美国的医疗费如此高昂呢？这就要从混迹于医疗行业里的游说团体身上找原因了。这些可怕的游说团体受相关利益团体之托，力保政府颁布的法律法规是维护医疗行业利益的[7]，这造成患者利益没有被放在首位考虑。美国医疗研究专家史蒂文·布里尔表示，1998—2012 年，制药企业及其他医疗产品制造业、医生集团、医疗机构、疗养院集团和保险公司，共花费了 53.6 亿美元游说政府。相较之下，同期的国防与航空行业利益集团的游说支出仅为 15.3 亿美元，而油气行业利益集团的这类花费则更少，仅为 13 亿美元。换言之，医药行业利益集团的游说支出是军工行业利益集团游说支出的三倍多。[8]

谋利导致“大检查”“大处方”“大手术”现象频繁出现。在美国，医院是获利最多的机构之一，其员工的年薪可以轻松超过百万美元。除谋利外，规避医疗事故也导致了医疗费的上涨。每个身价不菲的医生背后，都有一个更加身价不菲的律师。在贾尼丝的例子中，医院之所以要求她做某些检查，并不是为了给她提供更好的服务，而是为了维护自己的利益，避免因失职而陷入法律纠纷。

如果这些巨额医疗费的投入并未使医疗效果变得更好，那么这些投入又有什么作用呢？答案是促进了经济活动，而且作用还不小。所有医疗行为、保险评估、医疗事故纠纷和不必要的 CT 扫描检查，都在为美国的经济增长做贡献。然而，这种经济增长模式未免有些畸形。医疗费越高，医疗行业对国家经济的贡献似乎就越大。

但如果我们像库兹涅茨提议的那样，换个角度看待这些支出，就能将其视为对经济的损害，而非对经济的贡献。我们甚至还能以“它们是防御性支出”为由，将其从经济中剔除。然而，事与愿违，在现实操作中，为了刺激经济增长，人们甘愿让医疗费翻番。这么看来，我们索性给这类刺激经济增长的政策取一个名字，就叫“花费 21 000 美元的消化不良检查政策”吧。

****

计算私人医疗机构的收入和利润并不难，真正难的是计算政府对经济的贡献量。尽管凯恩斯极力确保政府支出被计入国民收入，但在大多数情况下，能被计入国民收入的政府支出并不多。这可不是一件小事。即便处于最开放的市场经济体中的政府也在为人民提供各类服务。但由于政府提供的这些服务通常是免费的，因此我们不能给它们明码标价，也难以算出它们对经济的贡献量有多大。例如，一所私立学校获得的利润自然应被算作国民收入，而美国某收入颇丰的医院也在为经济做贡献，但从会计学的视角来看，政府对经济的贡献量则很隐蔽。政府通常将资金投入铁路运营、公路修建、垃圾处理、消防急救与科研发展等领域。大多数国家的政府还为儿童提供义务教育，甚至还有些国家的政府提供学费全免或几乎全免的大学教育。此外，许多国家的政府有能力提供全民免费医保服务。

对于如何估算政府服务的经济贡献量这一问题，宏观经济领域的会计师们一直束手无策。为什么？以公立学校为例，尽管我们可以通过教师工资、教学楼租金、电费等算出政府为公立学校投入了多少，但我们却因教育服务的消费端无人买单而无从衡量教育服务的增加值。同理，我们也无法估算出国家卫生体系中存在的虚高费用。虽然我们可以通过医护人员的工资、药品批发价格等算出政府的投入，但大到做一场成功的疝气手术，小到治疗可以回家休养的消化不良病症，这些投入都因为政府买单而变得不可见。

英国国家卫生服务体系是政府为患者提供的免费医疗保障体系。为了提高英国国家卫生服务体系对本国经济的贡献量，我们得向属于这个体系的医院提供更多经费才行。这些钱能让医生、护士和制药企业获得更高的收入，或许还能带来更多的医疗事故纠纷和政府游说活动，从而使经济增长数据显得更加好看。换言之，提高公共医疗对经济的贡献量的方法有且只有一种，那就是使其效率变得更低。

并非所有增长都是好的，而没有增长也不见得是一件坏事。美国医疗体系的例子告诉我们，浪费钱可以帮助我们变魔术——凭空变出更大的经济蛋糕。相反，即使政府提供的全民免费医保服务获得了质的提升，它也不能为经济高楼增添一砖一瓦。由此，我们不难得出另一项结论：一个国家的公共领域越大，其经济体量的估计值就越低于实际值。相较于公共产品及服务，我们更偏好私人产品及服务，因为它们对经济的贡献更明显。

为解决该问题，英国前首相托尼·布莱尔领导下的英国政府就做过衡量公共服务效率的尝试。2001 年，布莱尔邀请教师出身的迈克尔·巴伯出任公共服务交付部主任。巴伯在富有批判精神的记者们面前，提出了一个个让人眼花缭乱的部门工作目标。他表示英国将以公共服务实践领域的先进国家为标杆，确保每个公务员为其自身行为负责。在记者们尖锐的笔杆下，巴伯这个换汤不换药的“新方法”被称为“公共服务交付学”。巴伯大度地回应了记者们的嘲讽，他采用了这个名称，并风风火火地开始了工作。

针对传统的经济增长衡量方式，公共服务交付部的相关负责人试图制订一些切实可行的替代方案。公共服务交付部的相关负责人认为，由于无法有效衡量公共供给，政府盲目地将大笔资金投入医院和学校之类的公共机构，并希望获得最好的效果，而这么做是对资金的巨大浪费。公共服务交付部的相关负责人希望看见的是可量化的结果，如髋关节置换手术的手术例数是否有所上升，群众在政府机构办事窗口的等待时间是否有所缩短，火车晚点问题在多大程度上得到了改善，以及 18 岁高中生的考试成绩是否有所提高。无论如何，政府首先要设定一个可量化的目标，如 90% 的火车将准点到达车站，或晚点时间不超过 10 分钟；接下来，再朝着这个目标展开行动，如解雇管理层，或投资前沿科技等；之后，需要追踪行动达成的效果，即是否达成目标。巴伯是这一管理理念的忠实拥护者，他远渡重洋，先后前往马来西亚、印度尼西亚和埃塞俄比亚传播这一管理理念。

至于公共服务交付部的实际表现如何，各界人士对其褒贬不一。毕竟，人们很容易钻制度的空子。巴伯甚至也承认，如果公立医院想缩短患者的候诊时间，那么只需别让等待的患者走进医院大门即可。政府出于良好初衷为公共服务设定目标，却可能产生适得其反的激励效果。倘若政府为公立医院设定“一定时期内要接诊 ×× 位心脏病患者”的目标，这就会促使医院只接收病情不那么复杂的病人，而将患有疑难杂症的病人拒之门外。同理，如果政府为公立学校设定类似的指标，这就会使学校不再接收学习天赋较差的学生。在这些情况下，虽然经济统计数据变得好看了，但公务服务的质量却无法得到提升。

不过，对国家统计局的工作人员而言，他们的当务之急是改良公共服务的衡量方法，力求真实反映公共服务的价值。不同于现行经济指标的反映结果，公共服务其实创造了更多的价值。当然，公共服务也并不是真正意义上的免费服务，它使用的是纳税人的钱。但也正因如此，我们才亟须找出正确衡量公共服务价值的方法。

****

2012 年，安倍晋三凭借激进的经济刺激计划当选日本首相。[9] 他承诺日本将实施“大胆的”宽松货币政策，这将使日本经济摆脱通货紧缩的局面。此外，他还打着炫目的“女性经济学”旗号，号召更多的日本女性走进职场。[10]

日本男性是日本战后重建经济的生力军。这些日本男性在日语中被称为“工薪族”。日本男性的成功之路被定义为从学校毕业后直接进入公司工作，然后在这家公司工作一辈子，工资年年上涨，直到退休。而日本女性的成功之路，则是嫁给这样一位“工薪族”，并在家相夫教子，照顾双方父母。等孩子读大学后，日本女性才能重返职场，但也可能只是做一份兼职，其余时间仍然要留在家照顾父母和丈夫的起居。日本的税收体制甚至还会惩罚那些工作时间太长的女性，由此进一步鼓励女性遵循全职太太的生活模式。

当然，不是每个日本女性都甘于过这样的生活，仍有许多日本女性敢于打破陈规。此外，当安倍晋三出任日本首相时，日本的“终身工作制”已摇摇欲坠。“日本女性有能力为经济做出更多贡献”几乎是所有人的共识。安倍晋三实施鼓励女性就业的政策后，约49% 的日本女性进入职场。同一时期的英、美两国的女性就业比例均为 56%，低于瑞典的 60% 的女性就业比例。

让更多人从事有偿工作，或以鼓励移民的方式吸引新鲜劳动力的加入，显然都能有效提高经济体量。事实上，促进经济增长的方法只有两种：一种是增加劳动力，另一种是提高生产率。提高生产率就是让劳动力的工作效率变得更高，但这通常还需要投入更多资本。例如，某工厂原本每天生产 1 000 台汽车，在工人数量不变的情况下，该工厂只能以机器人取代半数工人的方式实现每天生产 2 000 台汽车的目标。

从某种程度上说，增加劳动力的方法比提高生产率的方法更加简单易行。你只需要让那些本来没有工作的人开始工作就可以了。因为无论生产什么产品，他们都在为经济做贡献。尽管没有哪个经济学家会明确说出这个观点，但从经济学的视角来看，在投入生产活动之前，这些人从事的任何工作都是无意义的，哪怕他们是所在社区的意见领袖、不求回报的行为艺术家或夜以继日的家庭主妇。在经济学的世界里，除了有偿工作以外，其他工作均无价值可言。

假设有一位日本主妇在家中照顾年事已高的公公，那么这位主妇所做的每一件事——从为公公做饭、照顾公公就寝、照顾公公上厕所到为公公洗衣服，都没有为经济做贡献。然而，如果她在一家养老机构工作，为别人的公公提供养老服务，并因此获得了报酬，那么她在此过程中所做的每一件事都为经济做出了贡献，尽管她所做的事是相同的事。同理，倘若我为别人的房子刷漆并收取报酬，那么我就为经济做出了贡献。但如果我主动提议为邻居家的客厅免费刷漆，那么我的工作就对经济增长没有任何帮助。

安倍晋三就任首相后，日本职业女性的数量迅速增加。但这或许不能完全归功于安倍晋三的鼓励女性就业的政策，毕竟面对越来越高的生活成本，一些女性不得不重返职场。在新加入职场大军的日本女性中，半数以上的女性愿意接受收入较低的兼职工作。时至今日，日本女性的就业比例已经超越美国。相较之下，美国职业男性和职业女性的数量正在同步下降。[11]

几乎所有人都对日本鼓励女性就业的举措表示赞同。没错，每个国家都应当鼓励更多女性进入职场。但更重要的是，国家应鼓励女性进入企业的管理层，以期影响企业的实际运作，因为女性的创造性思维能为企业提供更多活力。但在这方面，日本显然还有很长的路要走。日本政府只是简单地鼓励家庭妇女放弃没有金钱回报的家务，转而从事有报酬、可纳税的工作，以此实现刺激经济增长的目的。结果，日本经济的发展水平的确出现了大幅攀升，但除了简单增加职业女性的数量之外，有关这一举措能在多大程度上刺激经济增长的问题仍然存在争议。

与政府公共服务对经济的贡献难以被衡量一样，家务劳动和志愿活动的价值也难以被衡量。由于整理床铺、做饭或清扫榻榻米之类的“家庭生产活动”没有被明码标价，因此这类活动的价值无法被一目了然地呈现出来。此外，我们也不清楚界定活动是否有价值的标准是什么。例如，像挖鼻孔这样的活动，到底是有价值，还是没价值？[12]

虽然有些人支持将家务劳动和志愿活动纳入国家经济范畴，但这些人的主张没有引起经济学界的重视。由于做家务和参与志愿活动的人主要是女性，因此这些无偿行为被经济学界视为低价值产出，或者说得更准确一些，这些行为没有任何价值可言。曾有作者[13]在文章中列出了被排除于国家经济范畴之外的活动：生孩子、养孩子、打理花园、为家人做饭、给奶牛挤奶、为家人做衣服，以及照顾大名鼎鼎的经济学家亚当·斯密的起居，让他专心写作《国富论》。按照目前经济学家对经济贡献的定义，就连亚当·斯密背后的女人都没有为经济做出任何贡献。斯密因将市场的力量比喻为“看不见的手”而名扬天下，他主张减少中央政府干预，发挥市场对价格的天然调控作用。但对于女性这一“看不见的性别”在经济发展中扮演的角色，斯密并未着墨过多。[14]

在著名作家乔纳森·弗兰岑的代表作《纠正》(*The Corrections*)中，有一个段落描述丈夫阿尔冲妻子伊妮德发火，因为妻子没有清理阁楼里堆积如山的杂志与瓶瓶罐罐：

> 但在她看来，丈夫要求她做好的事，似乎不仅限于“这一件事”。丈夫还要求她为三个孩子准备一日三餐，帮他们穿衣服，读故事给他们听，在他们生病时悉心照顾。此外丈夫还要求她清洁厨房地板、洗床单和熨衣服。可即便完成了这一切，丈夫也不会给她一个吻，或说出一句赞美的话。假如她想获得丈夫的表扬，丈夫就会反问她：“到底是谁在外面辛辛苦苦地挣钱，才能让家里付得起房租、买得起食物和被单啊？”[15]

伊妮德还做了一件丈夫认为根本无法与外出挣钱相提并论的事——母乳喂养孩子。对于6个月内的婴儿，母亲应采用母乳这种喂养方式，这几乎是所有营养学家达成的共识。[16]由于母亲的初乳中含有多种抗体，因此如果每个新生儿都能在出生后的一小时内喝上母乳的话，那么全球新生儿的死亡人数就能减少1/5。只要孩子能茁壮成长，全天下的妈妈都会选择母乳喂养。然而，这对经济增长起不到促进作用。事实上，经济甚至还将因婴儿配方奶粉的销量下降而受到打击。这个典型的例子很好地说明了经济增长计算方法的弊端：那些对人类真正有益的东西无法受到重视。向政府提议制定鼓励母乳喂养政策的人，似乎永远不如为婴儿配方奶粉公司效劳的说客们，因为只有后者才能为本行业创造经济效益。

澳大利亚学者朱莉 · P. 史密斯估算过母乳喂养对澳大利亚经济、挪威经济和美国经济的隐性贡献。[17] 她首先以欧洲地区人类母乳库的产品售价为基础，算出母乳的市场价为 100 美元 / 升。接下来，她计算了来自三个国家的母亲们平均每天的母乳产量及其相应的价值，以及母亲们平均每人进行母乳喂养的时间。结果显示，来自澳大利亚的母亲们每天可产出 4 200 万升母乳，价值 42 亿美元。来自挪威的母亲们每天可产出价值 11 亿美元的母乳，而来自美国的母亲们平均每天产出的母乳的价值高达 530 亿美元。这位学者还计算出了“损失的母乳”的价值，即母亲们在婴儿出生之后的 6 个月内只喂母乳所产生的经济价值。结果显示，如果这么做的话，那么来自澳大利亚、挪威和美国的母亲们的母乳产量的价值将分别提升至 89 亿美元、18 亿美元和 1 270 亿美元。

忽略“女性的贡献”，将使经济统计结果的公信力下降。上述案例表明，母乳具有宝贵的医疗价值，且女性分泌乳汁的成本不多不少，正好为零。未将母乳喂养等活动计入经济活动，将使经济总量受到严重低估。然而，政策与法律的制定者总是持有某种偏见——他们只能看到自己想看到的东西，只能计算自己想计算的东西。他们支持婴儿配方奶粉公司及其所在行业的发展，因为行业发展可以拉动就业，为政府纳税，并为经济做出贡献。对于那些看不见的、无法被计算的东西，他们则置之不理。

如果我们能为母乳标价，那么各种各样的家务劳动自然也都能被计入经济活动。但这也要求我们不得不修正原先的关于经济的定义。毕竟，国民收入包含一个被称为“估算租金”的重要项目，而这个项目不涉及任何金钱交易。如果我租了一套公寓，那么我每月付给房东房租就是一种经济行为，这种行为导致我的个人支出增加，房东的个人收入增加。但如果我住在自己的公寓里，那么情况会发生什么改变呢？我依旧有家可归，只是不用每月付房租而已。从经济学的视角来看，除非我愿意装修自己的公寓，否则这套公寓在账面上就是不可见的。

这正是问题所在。试想，有两个国家，其中国家 A 的大多数人选择租房，而国家 B 的大多数人选择买房。此时，国家 B 看上去要比国家 A 穷，因为自有房产的价值无法体现在国民收入的账面上。为了解决这个不合理的问题，统计学家们创造出了“估算租金”的概念，即估算一个自有房产者租房的花费。它对一个人的自有房产与租房市场上的同类房产（如邻居的出租房）进行比较后，得出估算租金的价值，并使其体现在国民收入的账面上，就好像它们是实付租金，尽管这个过程中没有产生任何交易，也没有出现金钱易手的情况。借助这样一个会计小伎俩，我们让假想的支付房租的行为成了一种真实的经济行为。于是，“经济”成了我们自己的想象。

同理，我们难道不能对家务劳动做同样的处理吗？答案是肯定的。事实上，许多国家的统计局早就开始计算家务劳动的“估算租金”了。然而，或许是与主流 GDP 算法太过格格不入，相关结果并未体现在官方的统计报告之中，而只是偶尔出现在卫星账户的统计数据中。如果我们将经济学比作太阳系的话，那么这些卫星账户全都围绕一个星球转动，这个星球就是 GDP。

早在 20 年前，美国经济分析局时任主任史蒂夫·兰德费尔德就算出了美国的经济体量。他对家务劳动的经济贡献量的计算有着极大的热情，并在这方面展开了广泛研究。其研究始于 2000 年，他发表了一篇题为《国民账户框架下的非市场化家庭生产产值计量》的论文。[18] 相较之下，美国国会的态度则冷淡得多，美国国会不仅不同意将这种计量实践常态化，更别提为开展相关调研提供资金。兰德费尔德称："对国会而言，统计数据的重要性完全无法与街边巡逻的警察的重要性相提并论，在政府的优先事项清单上，统计数据前面有千千万万个项目。"

2012 年，在兰德费尔德的研究基础之上，几位美国研究人员联合发表了一篇论文。[19] 这篇论文的主要发现是，如果将做饭、打扫、洗衣、开车等活动计入国民经济，那么这些活动将为美国经济贡献 3.8 万亿美元，从而使美国经济体量增大 26%。这篇论文采用的是"时间利用情况"数据，这些数据组成了一份份记录 24 小时内的个人活动的日志。排除睡觉等活动后（我个人认为睡觉也应被视为经济活动），研究人员仔细分析了剩下的 7 项主要活动，如打理花园、照顾孩子等。最后，他们将这些活动的耗时进行加总，再乘以家政工人的平均时薪，最终得出结论。

这些研究人员还参考了 1965 年的类似的调研数据，结果发现这么多年过去了，美国人的家务活减少了。据估计，美国家庭在 1965

年的家务活产量可占美国经济总量的39%，显著高于如今的26%。他们将占比下降的原因归结为生活方式的改变——更多女性进入职场，每家每户外出就餐的频率升高，人们不再需要自己动手织毛衣，并对沙发底下的脏东西有了更高的容忍度。

自2002年首个家务劳动的卫星账户出现以来，英国国家统计局也开始从事类似的研究工作[20]，但英国的研究方法有别于美国的研究方法。英国国家统计局没有采用家务总时间乘以平均时薪的方法，而是采用各项家务产出的金钱价值乘以家务数量的方法，如做了几顿饭、照顾了几个孩子等，以此算出家务的“产值”。英国国家统计局的研究人员在调研过程中发现，虽然他们能够很轻松地了解到每个被调研的家庭平常使用洗衣机的频率和做饭的种类与数量，但他们却无从判断这些家庭的家务质量。例如，爸爸若想为孩子准备晚餐，他既可以直接加热一罐速冻意大利面，也可以按照食谱悉心准备一道法式蓝带鸡排的菜品。除非他们从质量上对两者加以区分，否则这些就都属于“准备晚餐”的家务。

英国国家统计局的这篇研究报告将家务劳动分为六大类型：房屋维护（如自己动手修缮房屋）、提供交通服务（如开车送孩子去上芭蕾舞课）、提供营养餐（如为孩子加热速冻意大利面）、提供清洁服务、照顾儿童、照顾老人及其他无偿活动。与国民收入账户的传统计算方法一样，这六类家务劳动所涉及的中间环节的消费也被剔除了。例如，妈妈给了孩子一个从超市里买来的苹果，这个苹果的花费就不应被重复计算。再如，爸爸为女儿织了一件毛衣，那么毛线的成本就必须被扣除，以确保只有手工劳动的增值部分被计入国民收入。接下来，英国国家统计局的研究人员还需要找到一个参考价格，以评估某类家务劳动的市场价。例如，为了确定妈妈开车送孩子去上学的价值，可将孩子独自乘公交车去上学的费用作为参照。从统计家务劳动的数量和质量，到统计家务劳动的市场价格，各个阶段的统计都以假设为前提，都是一个假设嵌套另一个假设。

完成这些复杂的计算之后，英国国家统计局的研究人员于 2000 年发现，没有获得报酬的家务劳动的经济产值高达 8 770 亿英镑，占当年经济价值总量的 45%。[21] 其中，2 210 亿英镑用于照顾儿童，1 640 亿英镑用于提供营养餐（毕竟父母们更喜欢自制法式蓝带鸡排，而非直接加热速冻食品），1 560 亿英镑用于提供交通服务，460 亿英镑用于提供清洁服务，最后仅有 130 亿英镑用于照顾老人及其他无偿活动。这个结果令人震惊，要么是英国国家统计局低估了最后一类无偿活动的经济产值，要么是英国人更热衷于打扫卫生和熨衣服等活动，而对帮助邻居之类的活动不怎么感兴趣。除英国外，其他国家亦开展过类似的研究工作，如澳大利亚、芬兰、匈牙利、德国、墨西哥和尼泊尔。其中，芬兰的研究结果最为显著，其家务劳动的经济产值高达当年经济价值总量的 40%。[22]

前面提到的 2012 年的美国研究还包括一项有趣的发现：如果家务劳动的经济产值被计入经济价值总量，贫富差距的衡量指标就能得到有效改善。由于低收入人群与高收入人群都得自己整理床铺（除非高收入人群请他人代劳），因此一个百万富翁整理床铺或熨衣服的“估算租金”，与一个一贫如洗的人做相同事情的“估算租金”没有什么不同。因此，因家务产出而带来的一小部分“收入”，虽无法给一个富裕家庭带来影响，但能对贫困家庭造成显著影响。[23]

照此逻辑，我们越将家务劳动的经济产值作为经济价值总量的一部分进行计算，这个社会的贫富差距看上去就越小。乍看之下，该结论有违常识。尝试将家务计入经济活动的做法一般被视为社会改革的渐进式做法，旨在突出女性对经济的巨大的隐性贡献。然而，这么做或将导致政府不再重视当今社会日益凸显的贫富差距问题，而贫富差距问题又是造成社会动荡的主要问题之一。这么看来，对传统的经济统计方法进行改革，从来都不是一件容易的事。

第四章

好得不真实[1]

游客从冰岛首都雷克雅未克的造型优雅的机场前往市区，会途经一处黑色的熔岩地貌。火山喷发处的冷却后的岩浆，形成了不同的岩浆岩，岩浆岩一英里接着一英里地铺展开来，显得格外空旷。冷风从大西洋吹来，美丽而摇曳的光倾泻在黑色的熔岩地貌上。雷克雅未克本身就是一座有着丰富阅历和故事的城市，334 000 位首都居民几乎占到冰岛人口的一半。市区内的建筑建造得像滑雪胜地的小屋，还有些建筑的外观非常精美，简直可以说是出自国际建筑大师之手。冰岛人衣着光鲜，让整个雷克雅未克呈现一派繁荣、自由和时髦的景象。这里咖啡店林立，所有咖啡店都可以为顾客提供烤海枣和羽衣甘蓝三明治（不用说，当然是直接将羽衣甘蓝放在黑面包上的那种三明治），咖啡店还会邀请乐队演奏柔和而欢快的具有埃塞俄比亚风格的爵士乐。[2]

虽然距离上次金融危机已经有 8 年了，但这起严重的银行业崩溃事件仍让冰岛人感觉一切历历在目，就像四处喷发的火山一样让人无法忽视。我于 2016 年 10 月抵达冰岛，因为 6 个月前，时任冰岛总理的西格蒙德·戴维·贡劳格松承认其与妻子从冰岛濒临破产的银行中窃取了数百万美元，并将这些钱转移至两人的海外投资账户中。丑闻曝光后，贡劳格松主动辞去总理职务。在冰岛金融危机后发生的一系列揭露事件中，这起丑闻使海盗党在冰岛政坛中重新焕发生机。该党主张无政府主义，其支持者主要是冰岛的激进派网民。如今，海盗党举着黑色的海盗旗标识，扬言要在冰岛政坛掀起一场腥风血雨。该党在冰岛发起了激进运动，这场运动夹杂着左派与右派人士，于 2008 年金融危机后席卷欧洲。

贡劳格松下台后没几天，冰岛政坛大选的工作被重新启动。12 个党派争夺冰岛从公元 930 年建立后沿袭至今的国会席位。这让民怨沸腾，冰岛的普通民众深感自己被精英阶层蒙骗。

62 岁的西格蒙德·克努特松总是愁眉不展，他称自己是诗人和经济学家。许多冰岛人都认为自己拥有双重职业和身份，而其中一个职业就是诗人。在这一点上，就连海盗党领袖比吉塔·约翰斯多特尔也不例外。不过，现在愿意承认自己是经济学家的人倒是越来越少了。

在一家桌椅陈旧、墙壁斑驳的小咖啡馆里，克努特松在接受《纽约时报》记者的采访。“一想到冰岛政治，我就想吐，”克努特松一边向记者坦言，一边将叉子插进一盘当地特产的鲨鱼肉里，“有些事情是不合理的，它们就像是腐坏的东西。”[3]

哈尔格林姆斯教堂是一座造型酷似即将发射的航天火箭的现代教堂。在其门前的街上，留着齐肩金发的32岁银行前员工阿尔南也表达了类似的观点。他说："冰岛最早是一个畜牧业国家，经济主要由大地主主导。这些大地主利用自身的财富和影响力，成功垄断了冰岛的捕鱼配额。从本质上来说，这次的金融危机是历史的重演。这些金融危机都是由精英阶层同谋窃取国家财富的行为导致的，只不过在这次危机中，精英阶层窃取的是冰岛银行业的财富。"在21世纪初，冰岛银行业一度呈指数级增长。

冰岛银行业的故事表达出本书的中心思想之一：并非所有的经济增长都是好的。经济快速增长纵然有许多好处，却也能带来一些负面影响。20世纪90年代，冰岛任期时间最长的前总理戴维·奥德森铁腕实行经济放开政策，使冰岛从一个沉睡已久的渔业国家一跃成为"维京人的资本主义"的飓风中心。[4]2002年，冰岛的所有银行均完成了私有化，包括格里特利尔银行、克伊普辛银行和冰岛国民银行，其他现金储备充足的银行向它们提供低息贷款，进而帮助它们实现了让人无法置信的极速扩张。一些银行借钱给盟友银行，在冰岛境内掀起一场消费狂欢。它们购买各种各样的资产，从英国足球队到丹麦航空公司，显得无所不能。冰岛教授斯特凡·奥拉夫松称其为"人类历史上最快速的银行业务范围的扩大事件"。

有人说，冰岛这个国家从此变成了一个巨大的"对冲基金"。[5]野心勃勃、年轻气盛的冰岛商业巨子们，将自己在美国商学院学到的经济哲学不加批判地照单全收。素来以头脑冷静著称的冰岛人一反常态，也加入这场集体狂欢之中。不过好景不长，冰岛人没过多久就明白了这种金融把戏背后的猫腻：这些有钱人先从境外银行获得低息的外币贷款，再将贷来的钱投资冰岛股市，因此冰岛的股价在2003—2007年被抬高9倍。后来，这些有钱人又用贷款投资本地不动产，进而使房价一升再升。至此，冰岛人不再认为这些有钱人是投资天才，而是完全明白了事情的原委。然而，冰岛的消费风气已经形成。有钱人习惯租用直升机飞到岛的另一边享用野餐。一个生活作风极其奢侈的冰岛人甚至花了100万美元，让埃尔顿·约翰为他唱两首生日歌——平均一首歌的演唱价格高达50万美元。[6]

相较于头脑清醒的冰岛人，冰岛的有钱人每天都如服用了兴奋剂一般狂热。冰岛银行业极其注重创收，在最疯狂的时候，三大银行的资产总值为14.4万亿冰岛克朗，高达冰岛国民收入的10倍。但我们不得不说，冰岛银行业的操作并不总是合法的。金融作家迈克尔·刘易斯借用一位对冲基金经理的话描述冰岛银行业的某些交易："你有一只狗，而我有一只猫。我们认同彼此的宠物均价值10亿美元。然后，你以10亿美元的价格把狗卖给我，而我又以同样的价格把猫卖给你。现在，我们各自拥有的10亿美元不再是购买宠物的资金了，而成了冰岛银行业的新资产。"[7]

随着银行业务范围的日益扩大，它们对冰岛经济的贡献也变得显而易见。渔业产值占冰岛GDP的份额从1980年的16%跌至2006年的6%。同期，金融、保险和房地产行业的产值占冰岛GDP的份额却一路快速上升，由1998年的17%飙升至2006年的26%。[8]从国民核算的角度来看，银行业务范围的扩大是一件极好的事，这意味着经济将持续增长。事实上，冰岛的人均收入呈爆发式上升态势，2006 年已达 45 000 美元，使冰岛位居全球富裕国家排名的第六位。作为冰岛境内最大的私人银行，克伊普辛银行继续狂热地四处收购资产、从事交易，甚至设立了名为“克伊普辛前沿”的网上银行，并先后在 10 个欧洲国家设立分行，以更好地吸纳欧洲各国人民的储蓄金。有银行家称，虽然冰岛曾在全球金融史上默默无闻，但在短短数年后，冰岛自信地称自己为“北极地区的高盛集团”。[9]

事件的后续发展，正如你已经猜到的那样，完全变得一发不可收拾。随着 2008 年 9 月雷曼兄弟的破产，全球金融业的信用体系一夜之间土崩瓦解。全世界的银行之间停止了互相借贷的业务，因为它们不确定对方能否及时还贷，或其资产负债表是否充斥着有毒资产。当时的冰岛银行业已无路可走。

短短 10 天之内，冰岛第三大银行格里特利尔银行就向冰岛政府申请救市。冰岛克朗迅速贬值，有关冰岛金融体系崩溃的新闻铺天盖地。冰岛人开始从银行里大捆大捆地提取现金，许多银行因此欠下了巨额外币债务，却又无法通过贬值的冰岛克朗偿还债务。几周之内，冰岛境内的所有银行全部国有化。英国前首相戈登·布朗甚至不得不制定反恐法，以帮助曾借钱给冰岛银行的 30 万英国民众及英国当地的一些行业协会追回损失。时任冰岛总理的盖尔·哈尔德表示：“冰岛经济的确危在旦夕，银行乃至整个冰岛都将受到影响，并难逃破产的命运。”[10]

2018年10月底，距离其金融盛世不过短短数月，冰岛已不得不向国际货币基金组织借钱救世。冰岛股市下跌了85个百分点。在鲁莽的银行所造成的1 000亿美元的损失中，每个冰岛人，无论性别、长幼，都要承担33万美元的损失。

****

为了拜访冰岛国会外交委员会主席比吉尔·阿曼松，我漫步向冰岛国会的办公楼走去，这座不算气派的建筑的外形酷似现代画廊。只见阿曼松穿戴整洁，浅灰色的西服一尘不染。他是冰岛独立党的老党员，政治倾向中立偏右。冰岛跳下金融悬崖后，冰岛独立党以党派联盟成员的身份执政。早在20世纪90年代时，还是一名律师的阿曼松就嗅到了曾经的金融危机的味道："冰岛的商界人士从未变得如此有钱，他们与冰岛人民和冰岛社会逐渐疏离。"接下来的10年间，冰岛的金融局势每况愈下。阿曼松说："他们不再是冰岛的富人，而是成了全球赫赫有名的亿万富翁。他们开始购买私人飞机和游艇，这在冰岛是闻所未闻的。以前，一个人有两辆车就已经是很理想的状态了。"

阿曼松亲历冰岛金融危机的全过程："冰岛银行在全球发放大量低息贷款，为各国的企业注资。冰岛股市也是一片红火，没人想过局势有一天会发生逆转。"我问他："难道从头到尾都没有一点儿危险信号出现吗？难道冰岛人不觉得生活水平的突然提高和大量钱财尽收囊中的状态好得不真实吗？”阿曼松回应道：“进入 2008 年，包括我自己在内的国会议员们都对冰岛银行业的市场前景很看好。回过头来看，我们本该对已经显现的问题尽早采取解决措施。”他又补充道：“金融危机爆发后，我们才恍然大悟，原来冰岛银行业一直在操纵市场，并深陷内幕交易之中。金融市场的繁荣之下暗藏泡沫。”

我问阿曼松：“传统的经济统计方法是否过分夸大了银行业对经济的贡献？”他说：“这个问题非常复杂，超出了我的专业领域。”随后，他补充道：“但我认为，冰岛未来爆发类似金融危机的概率将较为有限。或许下次金融危机的情况将有所不同。”

****

尽管十多年过去了，但 2008 年金融危机的影响至今犹存。其影响范围之大、程度之深，使我们不能将责任全部推卸到国民经济的传统核算方式上去。那场金融危机源于各国政府对金融市场的放松监管，各国政府天真地以为市场在任何时候都有自我纠正的能力，并普遍抱持“股东价值”的意识，进而使几千个自以为能主宰宇宙的银行家一边沾沾自喜，一边洗劫自己所在的金融机构。当然，还有其他因素共同导致了 2008 年的金融危机，如金融工具的数字复杂性大幅增加（但不必要），以及信用评级机构与金融机构之间固有的腐败关系。此外，风靡一时的资产证券化也像是一颗定时炸弹。金融机构将不同的收入切分成小块，然后将其打包成一笔笔可交易资产，为传统的借方与贷方建立联系。很快，人们便不亦乐乎地开始交易“AAA 级”债券，全然不知标的资产实际上包含了什么。正如我们现在所知道的，其中大部分资产都是那些没钱买房的人所购买的房屋的抵押贷款。

不过，发生在银行业的这场危机与国民核算之间存在两种联系。其中的一种联系是心理上的，即所谓的“循环论证”的危险——我们都知道经济增长是好事，而由于衡量经济增长的指标是 GDP，因此 GDP 越高越好；再由于让银行做其想做的事可有效拉动 GDP，因此放松对银行业的管制就一定是好事。

正是这种心理上的“循环论证”，促使包括冰岛在内的各国政府纷纷以一种拙劣的方式效仿“盎格鲁 – 撒克逊”模式。该模式崇尚市场经济自由化，提倡市场去监管化，并支持私有化。可以说，带有“化”字的行动都是被认可的。由此，银行业得以着手“创造财富”，而其实质内容主要是银行转移债券，不假思索地发放贷款，并从中捞取大量油水。在全球范围内，对这类政策极力鼓吹的国家是美国和英国。这两个国家分别出现过像罗纳德 · 里根和撒切尔夫人这样的推行放开市场政策的政治领袖，并分别拥有纽约华尔街和伦敦金融城这样的狂热之地。我们只需看看银行家们开着怎样的豪车，就能立马明白他们获得了巨额收入。但这不是最直接的判断方法，这些银行家还明目张胆地将巨额资金投入政府游说活动，让自己的日子过得更舒坦一些。

如今，银行业是英、美两国经济的支柱产业，金融业对国民收入的“贡献”也在增加。20 世纪 50 年代，银行还只是单纯的银行，尚未变成今日的“吸血大乌贼”。当时，银行业对美国经济的贡献约占 GDP 的 2%。[11] 到 2008 年，这一比例已然翻了三番。[12] 英国与美国的情况相似。1978 年以前，金融中介服务的收入仅占整个英国国民经济收入的 1.5%。2008 年，该比例已上升至 15%。

英美两国政府借助金融力量刺激经济增长的做法，引得其他国家争相效仿，新西兰、澳大利亚、爱尔兰、西班牙、俄罗斯均在其列，就连冰岛也深受“盎格鲁－撒克逊”模式的影响。就这样，金融领域的崛起之势席卷全球。2008 年 1—4 月，全球前 1 000 家银行公布的数据显示，它们的税前收益总和高达近 8 000 亿美元。[13] 采用金融监管“大松绑”政策的国家发现这些政策收效良好，其中不乏一些国家给予“创富”的银行越来越多的自由。相较之下，其他没有采用这类政策的国家在经济增速的比赛中败下阵来。对经济增长的看法让我们只认可一个真理：银行规模越大，发展前景越好。

不受管束的银行业为经济带来了强劲的增长势头，各国政府将此奉为圭臬，尽全力扶持本国金融行业的发展。但在大多数情况下，这也意味着政府鼓励金融机构做出格行为。自 20 世纪 80 年代中期开始，许多国家削弱了对银行业的监管，而其中不少监管举措还是 1929 年华尔街崩盘后颁布的。美国明确禁止商业银行从事投资业务，但违规者比比皆是，最后，这条禁令随着 1999 年《格拉斯－斯蒂格尔法案》的废止而终结。20 世纪 80 年代中期，撒切尔政府在伦敦发起俗称“金融大爆炸”的金融业政策变革，为后来金融巨头集团的形成奠定了基础。冰岛银行业的资金曾一度来源于稳定的居民储蓄，这些储蓄金被投入各国银行从事外汇交易的批发市场。然而，疯狂筹资后的冰岛银行业转而投资中东石油业务，从中获取了大量收益，并将收益继续用于后续投资。之后，冰岛银行业还将工薪阶层与农民阶层的储蓄金投入蓬勃发展的中国金融市场。[14]

“金融化”一词，如今被广泛用来指代匿名资本市场取代过去单纯借贷市场的过程。在金融化的市场中，新产品层出不穷，比如复杂的金融衍生品，或基于未来价格走势预测并赚取价差的交易。很快，各国银行都在谈论“远期汇率”“信用违约互换”“担保债务凭证”等新兴话题。总之，越难让普通民众理解的概念就越是好概念。我至今还记得2000年的时候，一些资深银行家以居高临下的姿态教育我：金融衍生品分散了全球金融风险，使这个世界变得更加安全。然而，正如藏在花园各个角落里的复活节彩蛋，它们在哪里、它们是什么颜色、它们有哪些形状，将很快被人们遗忘。金融衍生品市场就像当初横行霸道的强盗团伙一样，完全不受管制。

银行最大的客户就是银行自己。它们疯狂地从彼此手中购入债券，却没有从事任何具有实质性的经济活动（如果它们被正确衡量的话）。绝大多数的银行资产不过是另一家银行的债券而已。在英国银行业的总资产中，实际借给企业及个人从事生产活动的资产仅占总资产的3%[15]，而剩余97%的资产则下落不明。此外，银行业极有动力把“击鼓传花”的游戏玩下去，因为从银行家的视角来看，玩这种游戏没有任何坏处。如果碰巧赌赢了，那么银行家赚到的钱有如天文数字，他们自身也会被各界盛赞为创造财富的天才。但如果他们赌输了呢？最坏的情况又是什么呢？

结果显示，最坏的情况是整个金融体系几近崩溃，最后只能靠政府用纳税人的数千亿美元救市。不止一个人说过，银行业对富裕阶层实行社会主义制度，却对其他阶层的人实行资本主义制度。

当全球银行业扩张无度之时，传统经济学也向人们传递着这样的信号：经济蛋糕越大越好。过去几十年来，银行业对经济的显著贡献一直受到了政治家们的高度关注。可一旦银行业崩盘，私人银行的债务就被转嫁给了社会公众，甚至后人都得背负债务。人们不仅需要缴纳更多的税款，国家也因此错失了经济发展的良好机遇。据报道，金融危机的救市成本是全球 GDP 的 1~5 倍。[16]

由此，我们得以引出第二种更有技术含量的联系，用以衡量银行业活动对经济的贡献。然而随着时代的变迁，这种联系已变得面目全非。它最早基于这样的客观事实而建立：银行的多数服务都是免费的。如果银行借钱给你，那么银行只会收取一笔一次性手续费。银行收益在很大程度上来源于利率差异，即银行承诺付给储蓄者的利率与向其他部门或企业发放贷款时收取的利率之间的差额。

为了衡量这种利差带来的经济价值，联合国在 1993 年的国民账户体系中提出了一种新兴会计概念。《国民账户体系》是各国计算 GDP 时参照的“圣经”，它将这种概念称为“FISIM（间接计量的金融中介服务）”。如果技术细节可以被忽略，那么影响 FISIM 计算结果的因素就只有利差——利差越大，其带来的经济价值就越高。然而，这实际上是一种因果倒置的计算方法。在银行业中，利差越大，风险越大。试想，如果一个银行家认为你不太可能还得起贷款，那么他就会提高贷款利率，暗示你这笔贷款交易包含了高风险。因此，从会计学的角度来看，银行贷款产品包含的风险越大，其对经济的贡献就越大。换言之，银行家们越不负责任，我们就越会认为他们在帮助经济增长。这就好比你在驾校学习开车，而教练仅凭你的高车速就给你的表现打高分。

一篇有关英国金融危机的报道称，只有英国人才有资格说“这将导致某些出人意料的结果”。[17] 2008年第四季度，雷曼兄弟公司破产，全球金融体系进退两难，而英国GDP却前所未有地得到了提升。虽然此后的英国经济同样出现了“大跳水”现象，“但此前金融业对英国名义GDP的贡献值达到了史上最快增速”。

早在英国的几家银行相继失去龙头地位前，英国金融业创造的总产值占GDP的比重就已达9%。更糟糕的是，随着金融危机的爆发，在英国金融体系实现国有化后，其对经济的“贡献值”不降反升，“贡献”比重一度达到史上最高的10.4%，甚至与英国制造业创造的总产值占GDP的比重不相上下。[18] 该报道称：“自20世纪30年代以来，人们曾一度相信金融业对国家经济的贡献最少。但从80年代中期至今，国民经济账户的数据显示，金融业对国家经济的贡献最多。我们究竟是怎样踏上这条不归路的？”[19] 是啊，这究竟是怎么回事呢？

在美国历史上，这场金融危机是不折不扣的灾难。最后，美国政府不得不用纳税人的数千亿美元去救助一些赫赫有名的银行与保险公司，比如花旗集团、美国国际集团等。最后，美林证券被美国银行收购，华盛顿互助银行被摩根大通和雷曼兄弟收购（对，就是已破产的雷曼兄弟）。虽然高盛和摩根士丹利仍以独立投资银行的身份存活了下来，但它们也不得不向控股投资银行转型，以接受政府更严格的管制。2008 年 10 月，美国政府不顾美国国会反对，将 7 000 亿美元税款投入“不良资产救助计划”，进而引发道琼斯工业平均指数有史以来的最大幅度的暴跌。随着金融危机的影响逐渐渗入实体经济领域，通用汽车和克莱斯勒终究也败下阵来，不得不向政府寻求帮助。

时至今日，美国的经济增速水平仍未完全恢复至危机发生前的水平。这或许是因为，所谓的经济增长不过是我们的幻想而已。

****

基于以上有关银行业活动应如何被纳入国家经济范畴的讨论，我们不难引出另一个问题——银行到底是做什么的？但在讨论这个问题之前，我们有必要先明确银行的职责。银行的职责主要有两大类，一类是提供存钱和转账服务，另一类是转移资本并分散风险。但银行却在具体履行这两大类职责时严重背离了初衷。

我就该问题咨询过高盛前合伙人加文·戴维斯。他建议我把银行想象成两类场所：衣帽间和赌场。如衣帽间一般的银行很无聊，它的性质与公用事业的性质相同，供人们暂时存放闲钱。他说：“人们把钱给银行，银行把钱放进柜子里。当人们来取钱时，银行再把钱给他们。”把银行形容为赌场，则是因为它拥有如地下管道一般的网络系统。即使银行是无聊的，人们也得通过它的管道网络进行转账。例如，银行可以帮我把账户上的钱转给市政设施管理机构，以缴纳电费、水费等生活费，或转给我远在堪萨斯州威奇托市居住的奶奶。

银行的另一类主要职责是转移资本，从而使相关风险得以分散。与银行提供的存钱和转账服务相比，银行转移资本的风险更大。发放贷款前，银行需要事先评估贷款人的信用级别及自己的潜在收益。为了理解这一点，我们不妨举一个简单的例子。假设有两家生产小型零部件的企业均需向银行借钱扩大生产，而银行只能选择其中的一家企业发放贷款。最后，银行将贷款发放给了信用更好的一家企业，而置另一家企业的贷款需求于不顾。同时，整个社会也将因获得贷款的企业生产出的更优质的零部件而获益。戴维斯说：“此时，银行重点考虑的未必一定是自己是否具备发放贷款的能力，而是零部件生产企业的产量和生产效率。”如果银行做出了正确决策，那么各方都将从中受益。

如果银行是否发放贷款的标准在于企业能力而非自身能力，那么我们单独衡量银行业活动对国民经济的贡献又有何意义呢？毕竟，真正为经济做贡献的是生产优质零部件的实体企业，以及其他所有使用这些零部件进行再生产的企业。因此，如果我们单独计算银行放贷业务对经济有多少贡献，那么我们相当于重复计算了一次贡献值，即重复计算生产面包时使用的面粉，或生产大麻时耗用的电。

其实，研究宏观经济的会计师们对此早有考虑。在 20 世纪 50 年代，金融活动被视为“无生产力活动”，即银行业仅对经济做出了一小部分贡献，甚至有时还为经济带来负债。当时，利息收入被视为“中间环节的输入”，并因此被排除于 GDP 的计算范围之外。[20] 只有当银行业务的计算涉及 FISIM 的会计概念时，我们才需单独计算银行业务对经济的贡献。

戴维斯的观点略有不同：“以前的我偶尔会有危机感，我不明白自己为什么要在银行业工作，浪费生命。”但他的同事总是会强调银行在经济中扮演的重要角色：“我们正在做的事情是最重要的事情，因为我们正在用正确的方式分配资本。”

同事的话总能宽慰戴维斯。“2008 年金融危机的爆发证明我们在过去的 10 年中，一直在以完全错误的方式分配资本，”戴维斯说，“但无论分配资本的方式是对的还是错的，其衡量方法都是一样的。”他的言下之意是，无论分配资本的方式是对的还是错的，银行的分配资本环节都只是一个中间环节，这些资本都会被计入 GDP，实际上根本没有被衡量。

第五章

互联网偷了我的 GDP

那是一个寒冷的雨夜，你在纽约的公寓里，登录声田收听现代爵士乐。你突然灵光一闪，想去墨西哥下加利福尼亚州过周末，暂时避开纽约寒冷的冬天。自从在猫途鹰上看过一篇有关下加利福尼亚州的热情洋溢的游记后，你就对这个地方念念不忘。于是，你迅速打开笔记本电脑，开始搜索相关信息。你在天巡上输入出发地“纽约肯尼迪机场”与目的地“墨西哥圣何塞德尔卡沃机场”后，选择了下周末的出发日期，并勾选了“只看直飞航班”的选项。几分钟之后，你通过信用卡预订了最便宜的机票。

接下来，你需要在爱彼迎上寻找下榻酒店。经过一番浏览，你选择了一个价格合理的海景房，便于每日欣赏壮观的海景。考虑到出行后，纽约的公寓就会空出，你进入了自己的爱彼迎页面并发布房源信息，欢迎有意在下周末租住两天公寓的人与你联系。最后，为安全起见，你为自己买了保险。出行当天，你登录航空公司的网站，输入护照信息，选择了一个靠过道的座位，并打印了登机牌。然后，你用优步叫了一辆车去机场。你坐在车的后座上，终于可以休息一会儿了。

在数字化背景下的经济社会中，工作与生活之间的界限变得模糊，以往被我们称为“生产界限”的东西发生偏移，进而使我们更难界定哪些活动应该被计入 GDP，而哪些活动应该被排除于 GDP 之外。从产业结构上看，经过几十年的发展，发达国家的服务业占比已逐渐超过制造业。随着互联网时代的到来，这一趋势变得越发明显，不仅为宏观经济罩上一层朦胧的色彩，更使 GDP 的计算难度变得更高。声田的经济总监威尔·佩奇表示：“GDP 陷入了前所未有的困境，因为它是因衡量有形的制造业产品的价值而诞生，而这类产品在当代经济中的比重正逐年递减。”[1]

为了拜访佩奇，我来到他所在的声田伦敦办公室。开放式的办公环境、自助冷饮柜和游戏室让我印象深刻。此外，我还自己打印了临时通行徽章，将徽章别在西装领子上，完成了本应由前台完成的工作。“从统计学的视角来看，颠覆性的技术公司总能减少 GDP。”从前方某一个过道走来的佩奇忽然映入我的眼帘，“技术公司想尽一切办法降低交易成本，并让更便捷的方式替代传统方式。前者被计入 GDP，而后者则没有。因此，经济规模被迫缩小，但每个人的生活都变得更好。很多时候，技术公司就是在摧毁不需要的东西，这必然使经济中的一些水分被挤掉，使人们享受到更好的福利。”

从经济学的视角来看，佩奇认为像声田这样的技术公司就好比宇宙中的暗物质。它们非但没有让GDP变大，反而使GDP越变越小。但也正是这些公司，为愿意买单的人们提供了更优质的服务。技术公司对经济的影响是一个饱受争议的复杂问题。为此，我们有必要将其分成几部分进行分析。

首先，我们需要思考有关家庭生产的问题。如前文所述，为孩子洗衣服或为亚当·斯密做晚餐之类的家务活动并不被视为经济活动。但自助打印登机牌的行为是经济活动吗？在登机前为行李箱贴上标签、送上机场传送带的行为是经济活动吗？就在不久前，当这些活动仍由机场工作人员完成时，它们被视为经济活动。可现在，这些工作已被消费者的自助行为所取代。因此，在衡量经济规模时，这些经济活动已然消失。

同理，你刚刚亲自完成的墨西哥度假安排，以前也是由相关工作人员代劳的，这些活动“被移到了生产界限之外”。但就可衡量的经济活动而言，自助打印登机牌与挖鼻孔没什么本质区别。它虽然带有某种目的，却不再被认为是经济的一部分。

如今，航空公司不再需要安排票务员预订机票，出租车公司也无须安排接线员调派车辆。随着技术的全面进步，这些因技术发展而失业的票务员和接线员不得不另谋高就，在其他需要人力的岗位上贡献生产力。同时，技术进步还以另外一种方式提升了各项经济活动的效率，就连以传统方式衡量的那些经济活动也不例外。以航空公司为例，裁撤票务员为公司节约了成本，因此公司可以让消费者以更低的价格买到机票，或者可以让股东们获得更多的分红。无论如何，总有人因此获利，进而增加消费，而消费正是拉动经济增长的引擎之一。

技术进步给经济带来的第二个影响，是某些产品及服务的价格趋近于零。我于20世纪80年代定居美国，远在伦敦的父亲每次给我打电话，都会不知不觉地讨论同样的话题。“我不能和你说太久，”他在电话那头低声说道，“电话费实在太贵了。”事实上，通话全程他基本上都在谈论国际长途电话费的价格。在那个年代，打国际长途电话让人倍感压力。

但现在呢？只要有网络，人们就能实现无限时的免费通信。例如，FaceTime（苹果的视频通话软件）和Hangouts（谷歌的视频通话软件）提供的服务，使人们能够随时随地看见对方。我们还可以通过脸书与朋友聊天，通过推特推送消息，或通过维基百科查找信息。脸书和推特这类社交平台是那些具有影响力的人展现自我的良好平台。维基百科旨在提供一个汇集所有人类知识的网络平台，并提供免费的检索服务。诸如此类不可思议的伟大事物，怎么可能不产生任何成本呢？这是否意味着，我们真正珍视的绝大多数事物都在所谓的“经济”范畴之外呢？

目前，消费者可以通过三种方式购买虚拟数字服务（如下载主流音乐、购买优兔和脸书提供的服务）。第一种方式最为传统，即消费者实实在在地付出了金钱。第二种方式主要占用的是消费者的时间，例如在网页上安插广告。在这种情况下，广告商将广告收益的一部分拿出来，用于支付网站提供的内容或服务。[2] 第三种方式与安插广告类似，只不过消费者付出的不是时间，而是个人隐私。许多公司都靠出卖消费者信息赚钱。也就是说，我们每个人为经济做贡献的真实方式，只有国家安全局知道。

回到本章开头的那个纽约雨夜，你会发现你在不知不觉中参与了所谓的“共享经济”。在爱彼迎没有面世之前，你只能让平时居住的公寓在度假期间闲置。有了爱彼迎以后，你可以一边在墨西哥的下加利福尼亚州租住别人的海景房，一边让其他人租住你在纽约的公寓。恭喜你，你将闲置的公寓变成了一家民宿，你身体力行地实现了全球房产的最大化利用。同时，这也是一种环保行为（从纽约飞到墨西哥的行为当然不够环保，但影响不大），因为千千万万像你这样的人有效利用了自己的房产，进而使酒店集团无须提供更多的住宿服务。然而，有得必有失。你的行为在方便他人和支持环保的同时，却对经济造成了负面影响。原因很简单：新建的酒店变少了，且租用民宿的价格更低了。

同理，当你在易贝上买卖二手物品或向非洲捐赠旧衣时，你认为自己的行为是在保护环境或帮助卢旺达的穷孩子，却不知道这种行为不利于经济发展。[3] 还记得前文中提到的中国工人陈贤吗？因为你突然对二手货有了兴趣，所以他失去了工作。随着产品与服务越来越容易被人们获得，其价格也随之下降，进而导致经济下滑，至少从 GDP 上看是这样的。可见，我们给予经济的定义，并不能反映现实。

现在，让我们将目光转向你的工作必需品：笔记本电脑。如今的笔记本电脑的价格与三年前的价格几乎没什么不同，但在存储能力、运行速度和屏幕分辨率方面，已有天壤之别。可以说，你以同样的价格，买到了更好的东西。换句话说，你以更低的价格买到了同样的东西。这对计算 GDP 至关重要，因为我们通常看见的 GDP 数字都经过了价格调整。随着电脑技术及其他技术的发展，许多产品及服务的价格因此下降，这让习惯了慢节奏的统计学家们手忙脚乱。也就是说，我们高估了通货膨胀的水平，并因此低估了经济的真实规模。

1995 年，美国参议院下令就该问题开展调查。次年，博斯金委员会出具的调查报告称，由于电脑、电话技术的飞速进步，美国在 1996 年之前一直将国内通货膨胀水平高估了 1.3 个百分点。[4] 换言之，美国的经济增速一直被低估了 1.3 个百分点。[5] 无独有偶，日本及某些欧洲国家也发现了类似问题，并做出相应调整。鉴于技术迭代速度实在太快，我们大可假设各国政府在宏观经济统计上跟不上技术迭代的步伐，由此证明通货膨胀水平一直被高估，即我们其实比自己想象的更有钱。

“消费者剩余”的概念可以很好地说明当前的情况。消费者剩余是指消费者支付的价格与购买对象实际价值间的差异。这一概念因经济学家阿尔弗雷德·马歇尔的推广而闻名于世，适用对象广泛，从饮用水到约翰·葛里逊的最新悬疑小说。就饮用水而言，即使其售价居高不下，身为消费者的你仍然可能愿意以更高的价格买入（如果你非常渴的话)。而如果你是约翰·葛里逊的粉丝，那么你也会愿意以远高于售价的钱购买一本小说先睹为快。

随着技术的日新月异及某些产品的价格趋近于零，一些经济学家认为，消费者剩余正变得日益突出。证明该理论的一种方法是，统计有多少人愿意在第一时间购买最新款 iPhone。对 iPhone 的消费者而言，最新款手机开卖日所在周末的售价与其最终稳定下来的售价间的差异，就是消费者剩余。你还可以把某人的 iPhone 抢过来，看对方愿意为赎回 iPhone 付出多少钱，这笔钱也可被视为一种消费者剩余。在现代人眼中，iPhone 不仅是通信工具，还是联系亲朋好友、商业伙伴的平台，更是获取最新信息的渠道。对此，高盛前合伙人加文·戴维斯表示:“在我看来，iPhone 的真实价值高达好几千美元。但我们只需大致对比一下 iPhone 的市场价格，就知道它在多大程度上低估了 iPhone 的真实价值。”

多数经济学家一致认为，技术革新使国民经济账户低估了经济增长。但关于具体低估了多少经济价值，经济学家们得出的结论迥然不同，却也并非天壤之别。麻省理工学院教授埃里克·布莱恩约弗森 2012 年发文称，信息技术领域产生的经济价值约占美国政府官方统计 GDP 的 4%，与 25 年前大致相同。说得委婉一些，这项结论的可信度令人质疑。因为许多人都曾尝试用不同的方法计算官方 GDP 的遗漏项。[6] 其中不乏估算与人们上网时间相对应的工资的做法。有人根据当时的美国人均工资估算得出，人们每使用一小时谷歌，所创造的经济价值为 22 美元。[7]

布莱恩约弗森及其同事吴珠熙也开展了相关研究。他们首先发现，2002—2011 年，随着脸书、谷歌、优兔和维基百科等网站的流行，美国人每周的上网休闲时间从 3 小时升至 5.8 小时。由于消费者原本可将这多出来的 2.8 小时用在其他事务上，因此这反映了日益增加的消费者剩余。据他们估算，2011 年，平均每个美国网络用户的消费者剩余高达 2 600 美元，全美网络用户的消费者剩余达 5 640 亿美元。如果这 5 640 亿美元被计入 GDP，GDP 每年就会增长 0.4 个百分点。其他类似研究得出的估算结果，甚至是该结果的两倍。[8]

有人也许会说，浏览脸书不应被视为一种经济活动，尤其当人们在上班时间偷偷浏览脸书时更是如此。如果在优兔上看视频也能被算作一种经济活动的话，那么在家里看电视、陪孩子玩耍或在公园里散步又凭什么不能被算作经济活动呢？同理，凭什么在网上看关于猫的视频就一定比在街上观赏一只猫的价值更高？从这个意义上讲，互联网带来的好处既可能被低估，也可能被夸大。

****

《圣经·传道书》第 1 章的第 9 条内容是，日光之下，并无新事。这么看来，当时写下这句话的人大概也是从别处抄袭来的。无论是汽车、相机等产品的更新换代，还是互联网带宽的不断提升，有关技术创新的计算一直是个难题。大多数刚上市的产品的价格都很高昂，例如受专利保护的新药。专利保护期间，制药公司可以向消费者收取成百上千美元。只要专利期一过，药价就将大幅下降，进而使该药对经济的贡献变得不值一提。

如果你和大多数人一样，认为技术正在以前所未有的速度持续进步，那么对宏观经济的错误估算的问题，未来还将变得更加严重。不过，治学严谨的学者已站出来表示，真正重要的技术进步都已是过去时。美国的西北大学生产力专家罗伯特·戈登认为，所有真正具有变革性的创新都诞生于 1870 年后，并基本上在 1970 年后不被人们关注。他引用了电与内燃机的发明，以及清洁水和污物处理技术的诞生的例子。没有这些技术发明，就没有之后的电话、广播、冰箱、汽车和飞机的相继面世，而后来的这些发明又引发了巨大的涟漪效应。

剑桥大学经济学教授张夏准认为，洗衣机是比互联网更具革新意义的发明，原因是洗衣机、管道煤气、自来水等日常生活必不可少的技术的应用，使女性从家务中解脱出来，进入劳动力市场。这也意味着女性不再像以前一样生很多孩子。女性的育龄被推后，家庭在每个孩子身上的投资变得更多，并且对女童的教育受到了更多的重视。自此，女性改变了以往在家庭和社会中的弱势地位，开始享受选举权及其他合法权益。可以说，女性的生活方式被彻底颠覆了。[9] 戈登的看法则与此相左，他认为技术的确对社会造成了深刻影响，但这种影响正在弱化。人类的交通工具逐渐从马、马车过渡到喷气式飞机，但飞机的飞行速度早在 50 年前就停滞不前。家用技术普及带来的城市化与女性生活的变化，只是一次性的事件。一旦这些技术诞生，这些技术进步很快就会在统计数据中消失。

尽管如此，我们仍然可以说，计算机革命将继续以未知的方式影响我们的生活。机器人和人工智能将使当今时代的许多人工劳动变得冗余，毕竟自动回复服务和超市里的自动结账机已成了人们日常生活的一部分。未来，我们将看到自动驾驶汽车，替代快速员送来包裹的无人机，会开药和照顾老人的机器人。许多年前，日本就开始用机器人制造机器人了。

如果说发明的本质是为了“站在巨人的肩膀上”实现信息交换的话，那么随着越来越多的人能够获得信息，技术进步的步伐也会加快。即使在发展中国家，人们也越来越能立即获得人类的全部知识，这在 1990 年是不可想象的。卢旺达政府计划使 1 200 万人民能够借助电话向人工智能医生描述症状，并获得医疗建议。[10]

在这场有关我们是否低估经济增长的争论中，最核心的问题或许是经济学领域目前最大的未解之谜——为什么即使身处诸多创新和技术变革之中，人类的生产力依旧停滞不前？答案或许是，人类生产力其实有提高，只不过没被敏锐地捕捉到而已。当然，还有一个原因是，技术并未使生产力发生预期的飞跃，但这种可能性较小。

这一未解之谜与人们对其周遭环境的看法密切相关。在许多欧洲国家和美洲国家，以“缩水的中产阶级”为代表的部分人群正对其生活水平的停滞不前心怀不满。但如果经济增长被低估了，那么这意味着许多国家的经济水平其实比其以为的要好。倘若我们能更好地捕捉技术进步给经济带来的影响，或许就能意识到，其实生活并不如我们想象的那么糟。换个角度来看，或许人们是对其他事情不满，比如丢掉有意义的工作、贫富分化加剧和社区分裂等。无论怎样，传统的“经济增长”概念对我们的生活起到的指导作用实在是乏善可陈。

****

没坐过日本“新干线”的人，很难体会这种感觉究竟有多棒。长得有些滑稽的车头后面，紧跟着一节节雪白的列车车厢。列车准点滑进车站，精确无比地停在月台指定地点，好让在这里等待的乘客即刻上车。没过几秒，列车又滑出车站，以接近飞机的速度将乘客载向日本境内的其他地区，车厢中的人会惊叹车窗两旁的景物以令人难以置信的速度向后退去。车厢里的女乘务员一边安静地推着手推车，一边向购买精美食品的乘客鞠躬致意。每天约有 300 趟列车往返于东京和大阪之间，每趟列车均可在2.5小时内走完552公里，平均延误误差以秒计。

质量究竟值多少钱？这是一个难以回答的问题。依照经济学理论，价格就是消费者愿意支付的钱，这是因为市场会在供需之间找到动态平衡。这种定义在一个国家的范围之内或许还行得通，但当我们需要比较不同国家之间的产品价格时，尤其针对诸如“新干线”这样的非交易性服务时，价格测试就不再行得通。在英国，无论我有多憎恶火车晚点、破烂的列车设施和难吃的培根三明治，我也无法用支付日本“新干线”车票的钱，从伦敦站抵达桑德兰站。

与英国一样，美国国家铁路的客运情况也好不到哪里去。美国的火车像是20世纪的产物，运行速度极慢。并且奇怪的是，近代历史上全球唯一一次离奇的致命事故，就发生在美国国家铁路。相较之下，自1964年启动“新干线”以来，日本没有发生任何乘客因子弹列车事故致死的案件。不难想象，当我某天在报告中读到麦肯锡公司抱怨包括列车运营在内的日本服务业效率低下时，我究竟有多么震惊。该报告称，即便是最出色的日本公司，其效率也仅能达到同类美国公司效率的85%。[11]这是典型的经济学论调。凡是同时体验过日本火车和美国火车的人，都不可能认为美国火车比日本火车的运营效率更高，否则将沦为他人的笑柄。在质量方面，经济学家们基本没有发言权。报告中之所以出现了有关日本服务业效率低下的批评，缘于经济学家们没有进行同类比较。可问题是，几乎没有哪个国家的服务质量能与日本媲美，也几乎没有哪个国家能完全复制日本的服务模式。

麦肯锡公司及其他机构在进行同类比较时，其数据大多由日本一桥大学经济研究所教授深尾京司提供。深尾教授认为，虽然传统服务业的效率衡量指标（如每小时人力附加值、全要素生产力等）包含了资本与人力因素，但其计算过程却相当粗略，且难以同时适用于不同国家。为了进一步解释这一观点，深尾教授举了日本零售业的例子。麦肯锡的报告着重强调了零售领域的低效。评估零售业生产力的基本指标是一位员工在一小时内搬运了多少个产品。德国人精于此道，因为德国的零售店严格限制每天的营业时间，由此导致消费者常常在短时间内购买大量物品。相较之下，日本在这方面做得不太好，部分原因是日本的街头巷尾都分布着零售店，而这些零售店可以说是“麻雀虽小，五脏俱全”，有些甚至24小时营业。它们以低价出售高质量的商品，其便利程度令人咋舌。但单从统计数据上看，这些零售店的运营效率比美国大城市郊区的大型连锁超市还低。此外，统计数据也没能捕捉到不同国家的零售店在便利程度上的差异。日本的零售店分布稠密，人们只需步行即可到达，最远也不超过骑车几分钟的距离。但在美国，人们得驱车到郊区的大型超市购物，更别提在驱车过程中可能遭遇的车祸、造成的大气污染、对公路路面造成的损害等“外部性”问题。此外，我们也不排除购物者因长途驱车而感受到的心理压力。因此，西方国家的服务业与日本的服务业在数据上不具备可比性。

服务质量的好坏是一种主观判断。如果你问一位工程师，如何让往返于伦敦和巴黎间的“欧洲之星”号列车为乘客提供更好的服务，那么他会建议列车运营公司花60亿英镑铺设新轨，好让原本3.5小时的车程缩减40分钟。但如果你问一位广告公司高管同样的问题，那么他的回答将截然不同。在他看来，列车运营公司应当多雇用一些男女超模，让这些超模端着柏翠酒庄的精酿葡萄酒在车厢里来回走动，并向乘客分发；若采用这种方法，那么列车运营公司将省下数十亿铺设新轨的钱，乘客们甚至还会要求列车开得再慢一些。[12]

即使不考虑跨国比较的复杂问题，服务业本身就比制造业更难计算产值。就连最简单的理发服务，我们都难以比较不同理发师在服务上的价值差异。你既可以让楼下小店里的理发师粗暴地给你剃个寸头，也可以去高端美发沙龙让理发师用 3 小时为你精心打理每一缕发丝，并顺带享受一次惬意的头部按摩。但在高端美发沙龙里，除了理发师为你修剪头发的手艺以外，店面的整体布置和理发师充满艺术气息的谈话又将如何计算呢？我们不能单从理发服务的价格看出理发服务的质量高低，因为价格每年都不相同。对研究宏观经济的统计学家而言，为了让国民收入账户的数值看上去合理，他们将不得不在计算 GDP 时剔除每年价格浮动的因素，但在难以量化、持续变化的服务业面前，可怜的统计学家们又该如何是好呢？

如果你认为理发服务已经很难量化，那么园艺师或工程师提供的服务就更难量化了。园艺师和工程师均为其消费者提供定制化服务，它们无法被量化比较。如今，各国国家统计局每天都在为诸如此类的问题纠结。例如，美国有 350 种制造业产品，但它们占美国经济的比例不到 1/5。相较之下，服务业的细分种类远不如制造业丰富，其产值却约占美国经济的 80%。我们衡量产值的方法诞生于 20 世纪 30 年代，但从那个年代发展至今，我们的生产已经发生了质的颠覆。经济的衡量标准越来越难如实反映我们的实际消费情况，这不能不说是一种缺憾。照此来看，我们不应再像从前那样，将有关经济增长的统计数字奉为圭臬。[13]

****

2016 年 8 月，欧盟委员会下发其成立以来规模最大的税务纠纷的裁定结果，令爱尔兰政府向苹果公司追缴145亿美元税款。欧盟委员会称，苹果公司此前参与了可疑的利润分配过程，使其大多数收益被转移至爱尔兰最南端的科克市的一个“总部办公室”名下。欧盟委员会还表示，此举令苹果公司不属于任何一个欧洲国家的纳税主体，进而使其在欧盟地区的税率得以降至1%以下。苹果公司的首席财务官与欧盟委员会针锋相对，将欧盟委员会的这一论断比喻为“法律上的繁文缛节”，并表示欧盟委员会在计算苹果公司应缴税款时“弄错了分子和分母”。

这起纠纷虽源于爱尔兰政府与苹果公司达成的税收优惠安排，但其具体争论内容对于我们如何衡量经济同样有借鉴意义，尤其在这个跨国企业日益增多、产品越发虚拟化的时代里更是如此。这起纠纷案的焦点是知识产权问题。从财报上看，爱尔兰分公司的销售收入仅占苹果公司全球销售收入的极小部分，但其利润却极其丰厚，原因在于爱尔兰就是苹果公司知识产权的所在地。在当今的数字时代，一个产品的价值并非来自实体本身，而是来自品牌、产权或艺术创作内容。哪怕像飞机引擎这样肉眼可见的产品，消费者买的也不仅仅是一台设备，还有其背后的全面、妥善的售后服务——引擎公司实时监控引擎运行情况，确保其在整个生命周期内顺利运转。

许多跨国公司几乎是以铤而走险的方式，在全球网络上铺设产品的价值源头，比如知识产权、售后服务或法律服务等。你可以在西雅图买到飞机引擎，但确保引擎良好运转20年的工程师却远在印度孟买。从属于同一母公司的两家异国子公司可以通过“转移定价”的方法，互相向对方收取虚拟服务的钱，而相关利润则被记在其中一家分公司的账上，而且被记账的总是税率更低的那家分公司。2014 年，脸书在英国仅缴纳 4 327 英镑税款的报道引起舆论哗然。事态发酵后，威尔士某小镇民众要求当地政府撤回纳税规定，因为当地的诸多小企业比脸书交的税还要多。[14]

GDP 原本是一个国家范围内的事，但眼下正有越来越多的企业跨境开展业务。从字面意义上看，GNP（国民生产总值）衡量的是一个国家全体公民的产值，不论公民是否在该国境内工作。直到老布什执政期间，美国才用如今我们耳熟能详的 GDP 替代 GNP，使其成为主要的经济衡量指标。与 GNP 不同，GDP 衡量的是一个国家边境线内所生产的任何东西的总产值，而无论生产者是否为本国公民。老布什政府之所以做出这种转变，原因或许是老布什想让美国民众更明显地看到自己在经济领域的政绩。从 GNP 转换为 GDP 后，美国经济增长的数字变得更加耀眼，因为其统计范围变大了，就连那些在美国投入巨资的日本电力和汽车公司的产值也被计入了美国 GDP。[15]

如今，鉴于许多跨国公司将大本营移至中国、墨西哥或越南，采用 GNP（而非 GDP）作为经济衡量指标可能更为合理。西方国家的经济也将因此看上去更好，但那些有很多跨国公司的国家的经济可能就此遭殃。[16] 随着越来越多的公司在国家 A 注册、在国家 B 生产、在国家 C 销售并在国家 D 纳税（前提是真的有必要纳税的话），探究一个国家的总产值到底由什么组成，变得不再有意义。

苹果公司的欧洲纳税纠纷就能很好地说明问题。iPhone 的零部件大多由中国深圳的工厂代工，而这些工厂又属于鸿海精密集团旗下的富士康公司。苹果公司及其他美国企业之所以选择中国作为其生产基地，原因是美国对中国的贸易逆差实在太大。尽管巨大的中美贸易逆差在政治上是一个极度敏感的话题，但只要追根溯源，你就会发现这种逆差其实也没想象中那么大。尽管 iPhone 零部件是在中国工厂组装，但其产地却在其他国家：韩国生产微芯片，日本生产电容器，美国则负责生产处理器。你甚至都不用拆开 iPhone 内部，只需看手机背面的"美国加州苹果公司设计，组装于中国"的字样，就能对这种情况略知一二。有报告发现，制造一台 iPhone 的成本，仅有 2% 流向中国工人，而 30% 以股权收益的形式进了苹果公司股东的腰包。

就连蛋白石这种看似简单的东西，如今也让人难以准确说出其进行各道工序的所在地。一本书描述了香港重庆大厦的众生相——来自世界各地的人聚在这里，密集地从事着一些小商贸交易，以一种眼花缭乱的方式，再现出一种低端的全球化面貌。[17] 原产于澳洲的蛋白石被运至香港重庆大厦，再以此为跳板进入中国南部地区被打磨，最后被送回澳洲进行销售，而大多数购买者是前来澳洲旅游的中国游客（这些游客按理也会将这些蛋白石带回中国）。在全球化的世界里，如果你继续大谈特谈"国内生产"的概念，那么这几乎已成一种无稽之谈。而这种无稽之谈，恰恰是我们目前对经济的定义。

第六章

做个普通人怎么了？

2015 年 9 月，学术期刊《美国国家科学院院报》刊登了一篇由两名学者安妮·凯斯与安格斯·迪顿联名发表的论文。论文标题并不博人眼球，名为《21 世纪的非西班牙裔美国中年白人的致死、致残率正在上升》。在严谨的论述之下，这篇论文隐藏着惊人的发现：自 1999 年以来，美国中年白人群体的死亡人数显著增加。然而，这段时期可不像 1991 年美苏冷战刚结束后的那段时期，当时的美国人似乎都陷入绝望，他们以喝伏特加度日，人均期望寿命也因此而急剧降低。美国这样一个经济稳步增长几十年（至少 2008 年金融危机以来一直如此）的国家，究竟为什么会出现这种情况呢？

令人震惊的是，美国中年白人群体死亡人数激增的原因，正是被两位论文作者称为“绝望之死”的现象，其具体内容包括自杀、吸毒、酒精中毒、慢性肝炎和肝硬化。1999 年前，45~54 岁的美国中年白人群体的死亡率仍以每年 2% 的速度下降，与其他发达国家呈现相似趋势。可到了 1999 年，这一趋势突然发生扭转。

论文中还包含了一幅令人咋舌的趋势图（见图 6–1）。图中展示的是每 10 万名美国中年白人的死亡人数随年份变化而呈现的趋势，以及美国的死亡人数与澳大利亚、加拿大、法国、德国、英国和瑞典的同期数值的横向比对。结果显示，1999 年以前，包括美国在内的所有国家都呈中年白人群体死亡人数总体下降的趋势。与国际趋势一致，西班牙裔美国人与非洲裔美国人（未在图中展现）的中年死亡人数同样在逐年递减。[1] 然而，只有美国白人群体情况特殊：自 1999 年以来，该群体的死亡人数不降反升。这种与其他富裕国家截然相反的趋势，表明该群体正因某些原因悄悄损失着大量人口。倘

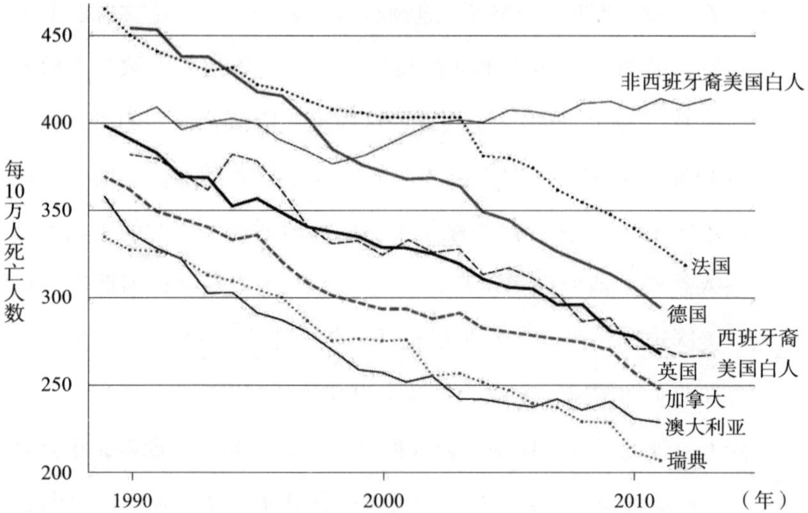

图 6–1 各类原因致死的美国 45~54 岁白人与其他 6 国同类群体的比较 [2]

若该群体的死亡率一直延续图中前半段的下降趋势，那么1999—2013年，至少有50万美国中年白人可免于死亡。换言之，这种“绝望之死”的现象所带来的影响，在规模上与20世纪八九十年代席卷美国的艾滋病的影响不相上下。但这种现象的背后究竟是什么？

在回答这个问题之前，我们已经可以得出两项较为宽泛的结论。其一，无论“绝望之死”现象的背后是什么，其未反映在我们通常看到的经济统计数据中。2015年，也就是美国中年白人死亡人数不降反升的那一年，美国经济呈现合理且良好的发展势头。尽管2008年美国爆发了金融危机，但美国经济体量仍从2000年的10.3万亿增至2015年的18万亿，增幅达80%。[3] 即使根据通货膨胀率进行调整后，2000—2015年的美国经济增幅也仍有30%的好成绩。[4] 若将时间再倒退一些，那么2015年的美国经济规模甚至是1970年经济规模的3.5倍，根据通货膨胀率进行调整后，依然如此。[5] 讽刺的是，如今以蓝领工人为首的许多美国人反而渴望回到1970年，因为那时的工作机会更多，中产阶级的体面生活就在前方向他们招手。诚然，以GDP展现的经济增长数据无法捕捉肉眼看不见的人类情感，比如丧失社区归属感、工作安全感、社会福利甚至个人身份等。但为什么我们明知如此，却还要一直将其视作衡量人生价值的方法呢？在政府为经济增长歌功颂德之际，社会的背面其实暗潮涌动。

第二项结论与“平均”和“加合”有关。在上述研究中，研究者从年龄、种族和收入水平三个维度对美国白人死亡人数进行分解，由此突然暴露出美国中年白人这一亚群体的真实死亡趋势。然而，置身于竞相报道 GDP 和人均 GDP 的头版头条之中，我们根本无从获知这样的信息。为什么报纸和电视都在报道美国人均寿命增加、生活水平提高，却有一个亚群体的财富非但没有实现积累，反而遭受损失？究其原因，最主要的因素之一莫过于阿片类药物（如羟考酮）的滥用。一方面，每年有越来越多的美国人因为过量服用阿片类药物而死亡；另一方面，阿片类药物滥用的问题之所以在美国变得如此严重，源于美国人在社会中承受着太大的生理或心理压力，而这也正是越来越多的美国人选择自杀和酗酒的原因。但过量服用阿片类药物充其量只是一种病态社会的表征，而非深层原因。

若进一步深挖，我们就不难发现，多数死者和病者都是没有接受高等教育的人。考不上大学，一定程度上就像宣判了某人的死刑。1970 年，美国低收入中年男子的平均期望寿命比高收入中年男子少 5 年。可到了 1990 年，这一差距已拉大至 12 年。如今，该差距甚至高达 15 年。有评论者这样写道："比你原本能活到的年纪早 5 年去世已经够不幸了，但更不幸的是，你还很有可能比自己的父母先走一步。美国人尤其想当然地以为生活会越来越好，但现实却与整个西方社会的认知背道而驰。"[6]

此外，日益加剧的社会不平等程度也是原因之一。自 20 世纪 70 年代以来，美国人的工资中位数几乎没有变化，一部分原因是工会与雇主议价的能力大不如前。随着主张自由市场的资本主义教义在全球占据主流，多数发达国家纷纷出现这种趋势。在美国，过去几十年来，以工资形式发放的经济产出持续减少，而更大一部分的经济产出则以利润和资本的形式流向公司。社会不平等程度进一步加剧的同时，靠出卖劳力艰难生活的人尤其是资本主义的牺牲者。这些蓝领工人原本不缺“美差”，待遇优渥之余，还能享受企业主为其提供的医疗保险和在职培训。然而，随着时代的发展和技术的进步，他们要么逐渐被中国、印度、墨西哥等国家的廉价劳动力取代，要么被机械、计算机或机器人取代。就发达国家整体而言，国家收入中用以支付蓝领工人的钱从 1970 年的 55% 降至 2007 年金融泡沫破灭时的 50% 以下。[7] 换句话说，即使经济不断增长，主要受益者也不是从事经济生产的工人，而是拥有资本的企业主。正因如此，本章开篇的研究者之一迪顿才说：“美国工人阶层正在走下坡路。他们再也不是 20 世纪 70 年代初不可一世的‘蓝领贵族’，再也享受不到工会的庇护；他们未必能每年步步高升，前方的中产阶级生活也变得遥不可及。”[8] 没有好工作的人，其找到稳定生活伴侣的概率也随之下降。同时，吸毒、酗酒、抑郁及自杀等问题也层出不穷。

迪顿等人发表的论文引发了公众的强烈兴趣，却也招致外界的批评——两位研究者未将非洲裔美国人考虑在内。虽然美国白人群体的死亡率在中途出现转折，但美国黑人群体的死亡率仍比美国白人群体高得多。尽管存在这样的瑕疵，但不得不承认的是，两位研究者的发现时点与特朗普 2016 年当选美国总统的时机不谋而合。《华盛顿邮报》特别指出：“特朗普承诺将解救白人工人阶层于水火，于是，他不仅在美国白人民粹主义者中赢得大量拥趸，更是在 2016 年总统大选中俘获了大量选民的心。迪顿和凯斯有关白人群体死亡率的研究，似乎是特朗普政治宣言的直接佐证。”[9]

皮尤研究中心于2014年出具的一份报告显示，对在美国私营企业从事非管理工作的工人而言，其1964年的平均时薪为2.5美元，2014年升至20.67美元。虽然这些数字在乍看之下让人感觉进步很大，但如果我们将通货膨胀的因素考虑进来，那么这些数字就不再具有优势了：换算成2014年的价格后，1964年在美国私营企业从事非管理工作的工人时薪就已达19.18美元。也就是说，半个世纪的辛劳所取得的所有经济增长和技术进步，不过将工人时薪提高了1.5美元而已。皮尤研究中心的这份报告提道：“从真正意义上讲，美国工人的平均时薪早在40多年前就已达到顶峰。”究其原因，企业为工人提供的福利越来越好，尤其是医疗保险，如果企业主不得不承担越来越重的医疗成本，那么他们自然倾向于通过压低工资的方式获得补偿。[10]

当然，不仅是工人阶层，其他阶层的美国人也都不同程度地感受到了这种切肤之痛。在这份皮尤研究中心的报告中，56%的受访者认为其家庭收入的增速跟不上生活成本的增速。而在2007年9月进行的同一调研中，抱持这种观点的受访者仅占44%。换言之，即使在金融危机发生前，正值美国经济无节制贷款、泡沫横飞时，10个美国人中就有4个人认为自己只能勉强维持生活。金融危机爆发后，随之而来的经济衰退使这种趋势进一步恶化。盖洛普民意调研结果显示，2000年，33%的美国人自称“工人阶层”。但到了2015年，该比例已升至48%。其中一位研究者写道：“在美国人自身的认知中，工人阶层不仅没有一点儿消亡的迹象，反而占到总人口的近半数。从某些方面来说，这些民意调研得来的结果比政府发布的收入中位数更能如实反映贫富分化问题。眼见经济持续增长，自认为是‘工人阶层’的美国人很担心自己是否已被经济增长带来的好处排除在外。这种想法实在不像是一个典型美国人应该有的心态。”[11]

****

贫富分化并不总是一件坏事。社会要想进步，就必须摆脱因循守旧的状态。这样看来，贫富分化必然还将继续拉大，否则社会将陷入停滞。由史蒂夫·麦奎因主演、于 1963 年上映的二战主题电影《大逃亡》（*The Great Escape*）讲述的是几名战犯偷挖地道，并从纳粹集中营出逃的故事。比起留在集中营里的囚犯，这些敢于逃跑的犯人无疑能在逃跑后过上更好的生活。是某些人先从集中营逃出比较好，还是所有人都留在集中营里直到战争结束比较好？[12]

这种隐喻几乎适用于任何“一部分人占据先机”的情况。1550—1750 年，英国人均期望寿命未有显著提升。有趣的是，就连国王、公爵等位高权重者，也并不比普通农民活得更久。然而，后来发生了这样一件事：英国皇室最先获得了来自土耳其的天花接种疫苗。接着，天花接种疫苗及其他医学进步使英国皇室及整个贵族阶层受益，使英国高收入群体与低收入群体拉开了 20 年的人均期望寿命差距。虽然这种建立于世袭财富之上的特权有失公允，却仍然不失为一种进步。最后，天花接种疫苗的应用越来越广泛，造福了全英国乃至全世界人民。[13]

我们可以将这种“好的”不平等性美其名曰“一种进步”，哪怕它在公平性上有所欠缺。但我们又该如何评价那种“坏的”不平等性呢？假设你在纽约，你和别人约了共进晚餐，然后一起去看歌剧。[14]为了准时赴约，你得开车穿过林肯隧道。这条隧道有两条车道，但是交通规则限定你不能从一条车道转到另一条车道上。突然，前方发生车祸，两条车道全被堵得水泄不通。眼看时间一分一秒过去，你很有可能无法及时赶到晚餐地点。又过了一段时间，你的歌剧演出票也即将变成几张废纸。就在这时，你旁边的那条车道动了起来。你心想：“太好了！我们这条车道很快也能动起来了！”但到头来你却发现你所在的车道没有一点儿移动的迹象。于是，当你看着旁边车道变得越来越通畅时，你的期待渐渐变成愤怒。这时，你满脑子只想着生活有多么不公平，这个城市的交通系统怎么如此和你过不去。鬼使神差间，你已经踏出违法的一步——把车开进了旁边那条车道。这就是我们所说的“坏的”不平等性。

美国人对不平等性的容忍度历来很高。以前，处于低位的美国人总是抱持“祝他们好运，这证明我们也能像他们一样”的乐观主义态度。然而，时过境迁，如果别人优先享受着昂贵的教育、继承了一大笔财富或人脉网，那么如今的美国人已经一反常态，不再对他人的成功发自内心地表示祝贺，而只会流露出憎恨。“倘若你是一位处于工人阶层的美国白人，你的收入在过去 30 年中并没有增加，”迪顿说，“且其他人也一样，因为战争之类的原因没有获得更多收入，那么我认为人们将相安无事。”然而，美国国内并未爆发战争，有一些人正在向前迈进。迪顿继续说：“当他们看见这些银行家享有 300 万美元的巨额年薪，或与纽约长老会医院院长同时出现在公共场合时，他们的想法只有一个：这些人真的很有钱，而白人工人阶层却一无所有。”[15]

****

如今，中产阶级的队伍正在发展壮大。虽然媒体上不常出现这类表述，但这是千真万确的事实。当然，我们指的是全球中产阶级的整体状况，而非特指美国西部的中产阶级。过去几十年来，后者一直在生活的边缘线上苦苦挣扎。不妨让我们另辟蹊径，先看看全球中产阶级的收入情况。处于全球收入排名末端的 45%~65% 的人（大多数为中国人）的实际收入在 1988—2011 年翻了一番。相较之下，对排在前端的 5%~20% 的发达国家高收入人群而言，其实际收入没有任何变化。[16] 最后，排在前 1% 的全球超高收入人群（包括前 12% 的美国最富裕人群）的收入高达全球收入总和的 30%，他们占有 46% 的全球财富。[17]

当代社会的不平等问题有着复杂的历史根源。全球多数国家均在不同程度上存在不平等问题，高收入国家尤其明显。但从全球范围来看，一些国家的人民收入差距的迅速拉大，反衬出另一些国家的人民收入差距正在缩小。[18] 人民收入差距迅速拉大的国家主要是一些亚洲国家，而人民收入差距看似在缩小的国家包括西欧国家、美国及澳大利亚。自2000年以来，这一趋势变得尤为明显。这是因为以中国、印度为代表的亚洲国家相继出现经济腾飞，并且正在经历快速的工业化进程。这两个国家的人口之和几乎占全球人口的40%，其经济发展呈现一派热火朝天之势。19世纪的西方国家的人民在生活水平上差别巨大，现在这种差别却因被新兴亚洲国家的锋芒盖过，而显得半斤八两。

因此，在当今社会，出生在哪个国家再也不会对收入多少产生必然影响。[19]对支持“无论国籍，人人机会均等”的人道主义者而言，这是一件喜闻乐见的事。但如果你是欧洲国家、美国等老牌工业化国家的公民，恐怕就笑不出来了。如今，做什么比在哪里做更重要。无论身居纽约、上海或班加罗尔，一名企业律师或微生物学家应该都会有良好的职业发展。但如果你在西方国家从事制鞋业或家具制造业，你的收入恐怕就无法与在孟加拉国、埃塞俄比亚或菲律宾的同类工人的收入比肩了。大西洋两岸之所以兴起民粹主义和反对外来移民的思潮，其中一个原因就是那些在全球化进程中混得差的人，正在奋力争取他们的“公民身份租金”，即因出生地而拥有的优势。[20]

话说回来，大多数政体问题事关一个国家而非全球，因此国家内部的不平等问题才是导致全球政治反冲的主要因素。极度不平等的国家政权几乎总是难以为继的，尤其在法制约束不强的国家中更是如此。同时，几乎所有发达国家都呈现统一趋势，即社会不平等程度日渐拉大，其中又以财富分配上（不是收入分配）的不均最为明显。换用一种更尖锐的说法，即高收入人群变得越来越富有，而剩下的人都被远远甩在了后面。在无限的经济增长背后，这才是让人心理失衡的惨淡现实。就连西方自由主义者本身，都未必能在这场不平等的战役中存活下来。[21]

不平等问题早在全球金融危机爆发的前几年（甚至可以说是前几十年）就已开始恶化。2008 年，由全球最富裕 35 国组成的经济合作与发展组织发现，其 3/4 的成员国在此前的 20 年间出现了贫富分化加剧的现象。[22] 特别是加拿大、芬兰、德国、意大利、挪威和美国这几个国家，其贫富分化不仅发生在宽泛意义上的高收入人群和低收入人群之间，还见于高收入人群和中等收入人群之间。

与大多数美国人从小到大秉持的观念不同，美国社会阶层其实并没有那么强的流动性。事实上，在奉行精英主义的北欧国家中，从普通阶层逆袭到上流社会倒还更容易一些。不过，同属欧洲国家的英国和意大利是个例外。在这两个国家里，阶级固化也比较严重。[23] 大体上说，一个社会越不平等，其阶级固化就越严重，因为富裕阶层通过教育、政治游说、财产继承、人脉网络等方式不断巩固着自身的优势地位。“伟大的盖茨比”曲线显示，随着社会不平等程度的加深，社会阶层也变得更加固化。[24] 与前文中的林肯隧道案例一样，经合组织的这份报告显示，一旦你走错了车道，就会被卡得动弹不得。报告还称：“收入不平等程度的拉大，使代与代之间的阶级流动变得更加困难。才华横溢、努力上进的年轻人难有机会获得应有的回报。”

经合组织的这份报告还表示，不平等问题正在日益加剧。以银行家、专业顾问和公司高管为首的高收入人群的工资持续走高，而那些没有机会接受高等教育的人，却陷入工作机会减少的窘境。他们中的许多人相继失业，社会也因此出现了越来越多的单亲家庭。年长者的贫困问题有所改善，但年轻人（尤其是带着孩子的年轻父母）的贫困问题却出现了显著恶化。

经历金融危机后，全球经济虽然逐渐回暖，但这对改善社会不平等问题几乎没有任何帮助。正常情况下，在经济复苏后，随着就业机会增多，一个国家的社会不平等程度理应得到缓解。然而，由于物价随之攀升，就业带来的福利几乎被抵消。2014 年，美国收入最低的 10% 人口的收入仅占国民收入的 1.6%，而美国收入最高的 10% 人口的收入竟占国民收入的 29.2%。就连当年被经合组织报告评为最平等国家的冰岛，其收入最低和最高的 10% 人口的收入所占据的国民收入比例也分别达 4.1% 和 20.6%。说得更明显一些，即美国前 10% 高收入人群挣的钱是后 10% 低收入人群的 18 倍多。在冰岛，这一比例也达 5 倍左右。[25] 英国和法国的这一比例则分别为 10.5 倍和 6.9 倍。

但这一切又和经济增长有什么关联呢？答案是完全没有关联。这正是问题所在。经济增长的数字无法告诉我们，社会财富究竟呈何种分布态势。诚然，我们不能忘记前面的分析结论，即质量改善与技术进步可能意味着我们其实比自己想象的更富有。[26] 但对自认经济能力低人一等的人而言，如果其口袋里装着一部比别人更好的手机或一种更强效的止痛片，这就能为其带来哪怕一丝丝的心理安慰。尽管美国正变得越来越富，企业也变得越来越高效，但既没有更多工作机会被创造出来，人们的工资水平也没有多大提升。纵然生产力不断提高，但其对社会的正面影响已被停滞不前的工资水平和居高不下的失业率抵销。[27] 倘若大多数人并未获益，那么追求经济增长到底是为了什么？又是谁在拼命追求经济增长呢？

第二部分
经济增长与发展中国家

第七章

大象与大黄

2015 年的一天，一些在肯尼亚工作的经济学家萌生了一个绝妙的想法。像肯尼亚这样资源匮乏的国家，其不仅存在大块灰色经济，还有天壤之别的城乡差距：城里人开奔驰，而马赛部落里的人仍靠养牛谋生。身处这样的国家，经济学家们深知获得准确的经济统计数据是一件多么难的事。于是，他们试图寻找其他衡量经济活动的方法。最后，他们突发奇想：让卫星从外太空拍摄地球图像，记录夜间的灯光强度。

虽然乍听之下不可思议，但这种方法自有其可取之处。在印度、厄立特里亚等贫困国家，以传统方式衡量的经济体规模与卫星抓取的光强数据存在紧密关联。假如一个国家的经济活动因为旱灾、战争或经济衰退而减少，整个国家地域范围内的光强就会相应减弱，原因是几乎所有夜间消费都需要光照支持。因此，光强是反映经济增长的良好指标。[1]

夜间的光照既能有效捕捉非正式经济，也能有效反映正式经济。这种方法尤其适用于像肯尼亚这样的国家。农民、小商贩、游民、手艺人、修理工、骗子、白天钟点工、卡车司机和五金师傅的工作，组成了大多数非洲国家的非正式经济领域（政府无法收税），并在很大程度上处于宏观统计学家的视野范围以外。经济学领域奉行的一项基本原则是，凡是不能用钱来衡量的东西，就是不存在的。然而，大部分非洲地区的经济活动是“隐形”的。

夜间光强法已被印度用来更好地了解其非正式经济的规模究竟有多大。作为一个拥有 13 亿人口的国家，印度 90% 以上的人从事的是非正式经济活动。从理论上来说，我们可以了解印度国家电力公司在各个行政区内分别卖出了多少度电，但卫星图像提供的信息更加准确，因为电力公司的数据不包含那些小型太阳能或水能发电厂的供电数据。同时，电力公司亦无法正确计算出因电网无效而一点一滴流失的电力，或贫民区从高架电网上偷走的电力。

相较于传统经济统计数据，光强数据还有一项优点，就是能够向我们透露更多有关经济活动的信息。由于在贫困国家开展细致调研需要付出高成本，且在实际操作上存在诸多局限，因此经济学家只好基于小样本推导出国家经济全貌。相较之下，卫星提供的光强数据包含着更为丰富的信息。一颗卫星每天可绕地球旋转 14 次，以平方公里为单位，追踪、记录着地面数据。这无疑比国家统计局的任何一位专家搜集的数据都要多，因为后者只能手拿文件夹板，走遍一个个村庄，挨家挨户收集数据。

肯尼亚夜间光强研究有一个惊人发现，这个发现与首都内罗毕有关。内罗毕有300多万人口，是东非的区域枢纽。夜间光强数据显示，内罗毕对肯尼亚经济的贡献率约为13%，比官方按传统方法得出的贡献率小了许多。倘若夜间光强数据得出的值才是正确的，那就意味着，官方统计一直低估了肯尼亚首都以外的农村地区的经济贡献。

尽管许多贫困国家的经济数据质量低得令人发指，却不影响我们对其经济发展情况的关注。我们用经济数据比较各国贫困程度，以判断其政府政策是否有效、应给其多少援助或要求其支付多高的贷款利率。然而，由于数据收集方法存在问题，以及这些国家普遍缺少有能力收集数据的机构，因此我们使用的许多经济数据实际上并没有什么意义。作为全球最权威的三大国民收入数据收集机构，世界银行、美国宾夕法尼亚大学及荷兰格罗宁根大学在同一国家的经济统计结果上存在巨大差距。例如，西非国家利比里亚被其中一家机构评为全球第二贫困的国家，却在另一家机构的贫困国家排名上整整上升了20位。[2]

大多数非洲国家都存在所谓的“灰色经济”问题。顾名思义，灰色经济是在暗处进行的经济活动。非洲国家普遍存在大块灰色经济，因此统计机构不得不诉诸各种各样的伎俩、中介及审计技巧，以填补灰色经济统计的空白。然而，许多非洲国家纯属没有资源。以赞比亚为例，其2010年的国民收入数据由一个统计学家一手完成。这个统计学家毫不掩饰自己的担忧：“要是我某天不见了，谁来完成统计？”[3]

赞比亚的政局相对稳定，但像刚果民主共和国这样的动荡国家，其经济统计数据的可靠性就更加没有保障了。刚果民主共和国共有8 000万人口，其人口规模与中欧国家大致相当。但该国连年内战，国家政府几乎无法正常履行职能。虽然刚果民主共和国在首都金沙萨设立了国家统计局，但其国内大多数地区甚至没有到首都的通路，这些地区的人们只能通过内河船或独木舟到达首都。在津巴布韦，仅6%的人口拥有正式职业。津巴布韦现任内阁政府成员之一、前津巴布韦总统罗伯特·穆加贝的侄子曾在一次晚餐中向我透露，衡量津巴布韦的经济就像“用胶带试着量出这只杯子里装着多少可乐”。[4]

联合国国民账户体系推荐使用支出、收入和产值三个指标，它们可以帮助各国计算和交叉对比GDP。即使在条件不那么艰苦的国家，这种计算方法也几乎没有什么实用性可言。仅有少数几个非洲国家（其中一个碰巧是肯尼亚）才敢于尝试这种计算方法，而许多国家只有产值数据。“非洲国家的GDP统计数据最多只能算是对生产总值的大致猜测，”该领域专家莫顿·杰尔文表示，“换言之，我们对非洲国家的经济收入与增长知之甚少。”[5]

这个问题令人无法忽视，因为它发生在占全球1/7人口的大陆。我们罔顾现实，假装自己拿到的经济统计数据和国别比较结果十分准确。倘若亚洲和拉丁美洲的发展中国家与非洲国家存在同样的问题，那么对这些包含全球数十亿人口的经济体而言，其经济数据的有效性与准确性着实堪忧。从援助到投资的各类政策的制定，以及评判各类政策是否有效，都要依靠这些数据，我们实际上只是在黑暗中摸索而已。库兹涅茨认为自己的方法完全不适用于衡量贫困国家的经济水平，因为这些国家的许多经济活动都发生在非正式领域。然而，我们当前的做法正是库兹涅茨极力避免的。对我们极力描绘全球经济图景的尝试来说，这是一种赤裸裸的控诉。[6]

****

特里·瑞安是一个名人。身为肯尼亚国家统计局局长，他被当地一家报纸描述为“肯尼亚经济界偶像”。瑞安是土生土长的肯尼亚人，却因皮肤白净而一直被怀疑不是非洲人。他在肯尼亚西部城市纳库鲁的一个农场长大，儿时在地里干过一阵子农活儿。出国前，他先后在肯尼亚最好的两所学校完成了初中、高中学业。之后，他先后在澳大利亚、爱尔兰和美国深造，最后在麻省理工学院取得博士学位。毕业后，他在内罗毕大学执教。1983 年，他在肯尼亚政府的邀请下出任规划部部长。退休后，他仍然在肯尼亚国家统计领域中占据举足轻重的地位。当我在 2016 年春天见到他时，他正在审查最新的肯尼亚 GDP 数据集。

瑞安身材修长，四肢瘦削，发型有点儿像狄更斯小说中角色的发型，引人发笑。我和他约在肯尼亚央行的顶层见面。央行大楼位于内罗毕的老商业区，灯光昏暗。只见瑞安手里拎着一只看起来用了许久的棕色皮箱。这只皮箱几乎与他形影不离，里面装着统计数据表，这些表格据说最早可追溯至 20 世纪 60 年代。作为一个 82 岁的高龄老人，瑞安可谓宝刀未老。

瑞安因肯尼亚的统计数据而感到自豪，并称肯尼亚是在这方面做得最好的非洲国家。肯尼亚政府运作有序，国家经济结构比较多元化，包括经济作物、花卉业、轻工业及发展成熟的旅游业。此外，肯尼亚还比其他非洲国家发展得更好，人均收入约为 3 200 美元。[7]

在宏观经济统计方面，肯尼亚严格遵照联合国标准。不过，瑞安认为肯尼亚政府收集的国民收入数据“非常可疑”。尽管肯尼亚遵循标准方法，但瑞安不无痛苦地指出，肯尼亚的经济统计数据无论如何也无法和美国等发达国家相比。他没有以苹果和梨为例，而是用了“你就像是把大象和大黄放在一起比较一样”的新颖比喻。在他看来，库兹涅茨设计出来的“大黄”法本用于衡量美国经济，现在却不得不被他用来衡量像肯尼亚这样“大象”般的经济现实。“发达国家用这种方法完全没问题，”他说，“但它未必完全适用于像肯尼亚这样的发展中国家。”

肯尼亚约有 4 500 万人口，其中一部分精英像纽约人一样，住在昂贵的公寓或宽敞的小区房屋中，另一部分人则住在铁皮屋或泥草棚里，有的人甚至还像游民一样流落街头。内罗毕是一个现代化都市，摩天大楼拔地而起，百货商店、写字楼、歌舞厅、爵士乐俱乐部、餐厅林立，高速公路也随处可见。此外，它还是非洲最先进科技园之一的所在地。“都市牧羊人”的座驾要么穿行于车水马龙和商业往来之中，要么停在百万富翁宅邸前的草坪上。[8]但在内罗毕以外的地区，纵然不失肯尼亚美丽的山野景致，却又如一个全然不同的世界。“那里到现在还生活着以打猎为生的人，”瑞安说，“虽然这样的人并不多，但的确存在。”

马赛族是肯尼亚众多民族中的一个民族。马赛族人身材高大，生性好斗，靠养牛自给自足，曾一度占据整个东非大裂谷地区（即现在的肯尼亚中部至坦桑尼亚北部地区）。马赛族人相信，世上的一切牛群都属于他们，而这一信仰使他们经常与其他游牧民族和定居农民发生冲突。对马赛族人而言，牛群几乎是他们的一切。马赛族的名称出自其母语“马语”，马语中有一句用于打招呼的话——我希望你的牛一切都好。肯尼亚约有 80 万马赛族人，几乎与图尔卡纳族人数量相当。与马赛族不同，图尔卡纳族分布在肯尼亚偏远的西北部地区，族人以放养骆驼为生。

问题是肯尼亚不像美国，其社会的大部分都在首都内罗毕之外，因而库兹涅茨为美国经济量身定制的理论分析框架并不适合肯尼亚。不仅如此，成百上千自给自足的农民或牧民的劳动产出也不在肯尼亚正式经济的范畴之内。只有在收成好的年份，农民才会用多余的作物换取其他物品，或在当地市场上售卖这些作物。但在收成不好的年份，作物仅够农民自家食用。无论如何，大多数作物从未在正式经济中出现过。

以玉米为例，据瑞安估算，在肯尼亚农贸市场上交易的玉米仅占本国玉米总产量的一半。因此，我们要想计算农民自身消耗了多少玉米，唯一的方法就是通过假设进行估算。这与前文提及的“估算租金”概念如出一辙，即估算一个自有房产者租房的花费。由于肯尼亚政府的人口普查数据中包含肯尼亚农村人口的日常饮食习惯数据，因此瑞安说：“如果我知道肯尼亚有多少个农民，就能估算出他们实际上消耗了多少玉米。”正因如此，他才能较为准确地估算出肯尼亚农民种了多少玉米，又吃了多少玉米。

从理论上说，除玉米之外，我们还能对其他各类较不常见的日用品做出类似估算。资深官员本杰明·穆奇里表示，肯尼亚国家统计局已从理论上尝试估计各类非市场化活动的经济价值，这些活动包括田间耕牛的犁地量、骆驼提供的交通量等。我们可将耕牛比作拖拉机，将骆驼比作运载行人的摩的，甚至还可将涂在草棚外面的牛粪算作自产自用的建筑材料。

是否包含非正式经济会让宏观经济的统计结果出入甚大。2009年的一项以牛奶为对象的研究采用了当年的人口普查数据，其结果显示，在2009年统计的肯尼亚国民收入数据中，牛奶的经济产值为实际产值的1/20。研究还发现，包括奶牛、山羊和骆驼在内的“反刍家畜”，其实际经济总产值比官方统计数据高出20亿美元。鉴于肯尼亚的经济总产值的官方统计数据只有370亿美元，因此20亿美元的出入并不是小数目。[9]据估算，肯尼亚被消耗的80%的牛肉由包括马赛族人在内的牧民生产，但其中约1/5的牛肉是从邻国边境进入肯尼亚的。

除了为牧民提供肉、奶之外，家畜还会为主人带来一些正式经济无法捕捉的好处。例如，牧民有时将自己的奶牛作为担保物，以

“换取救命钱”。这种做法使牧民不必前往农村信用社，以高额利率贷款。因此，奶牛成了真正意义上的“现金牛”，可谓行走的银行账户。除了作为担保物外，奶牛还能为牧民提供营养。马赛族人饮用自家奶牛的血。他们从奶牛颈动脉吸出一点儿血，然后将其与牛奶混合饮用。马赛族人的传统观念让他们不愿屈尊种植庄稼，而是完全依靠家畜生存。除非他们需要宰杀牛卖钱，否则将终身依靠养牛实现自给自足，但这些行为无法被反映在正式的 GDP 中。

****

如果农村经济体量不大，那么不将其囊括在宏观经济统计之中也无伤大雅。从官方统计数据上看，农业对肯尼亚经济的贡献为20%~26%，具体数值取决于当年的收成。尽管估算肯尼亚自给农业的经济价值不成问题，但自给农业的经济价值仍将受到低估，原因是肯尼亚农民挣的钱很快用于购买日常基本品，因而很快在肯尼亚正式经济中流通起来。这种现象被经济学家称为“乘数效应”。对此，瑞安解释道：“在乡下花 10 万先令是一件很值的事。这笔钱的很大一部分用于购买牙膏、衣服等日用品，还用于购买理发等日常服务。它真的会流动起来，最后不仅创造了工作机会，还对经济做出了一系列贡献。”在贫困国家，作物收成是影响农民收入与消费的决定性因素，又因农业灌溉几乎不存在，因此，天气预报专家对国家经济的预测，甚至比经济学家的预测更准确。

已在非洲成功投资数年的迈尔斯·莫兰德同样对统计数据的质量表示不满："在肯尼亚这样的国家，80% 以上的成年人都有手机。但我们经常听到一些 NGO（非政府组织）官员提出'这些国家的半数人口的人均国民收入不超过每天 1 美元'。我想，凡是智力正常的人都会怀疑统计数据的可靠性，毕竟如果人均国民收入真那么低的话，那么为什么那些没钱的人还能买得起那么多手机？"鉴于非洲有许多交易不在税务或统计部门的眼皮底下进行，莫兰德将这种隐藏的经济称为"路边摊经济"，并表示："任何不在美国政府工作的人都能一眼看出，非洲的人均收入水平必然比国际货币基金组织估计的水平高得多。"这一点不容小觑。我们将国际货币基金组织发布的数据看得太重，因为它们是全球经济学家、政治家、银行家和规划者看待发展中国家经济水平的棱镜。[10]

瑞安同意，官方统计数据严重低估了肯尼亚经济的真实规模。从官方统计数据上看，肯尼亚 72% 的人口没有足够的钱维持日常膳食。他说："这么看来，我们国家 72% 的人都被饿死了。抱歉，对这样的统计结果，我'服'。"话语间，他将双手举过头顶，假装向经济学的标准逻辑投降。然而，无论官方统计数据向我们传达着怎样的信息，那些"没有足够的钱维持日常膳食"的肯尼亚人显然还活得好好的。

对此，一种解释是非洲人有着特殊的家庭和亲属结构。欧美国家在人均收入水平的估算方面存在不平等问题，这主要是因为一小撮富得流油的人拉高了人均收入水平。然而，非洲国家的情况大体与欧美国家相反。当然，非洲整体也存在不平等问题，但一般来说，有正式工作的非洲人是一个大家庭的主心骨，其父母、叔伯、姐妹、兄弟、帮佣甚至只能沾上一点儿关系的人，都在这个大家庭里。据瑞安回忆，曾有一个人走进他在规划部的办公室，抱怨肯尼亚的具有“灾难性”的基尼系数（衡量国家居民收入差距的常用指标）。对此，瑞安回应：“没错，从外表上看，这的确是灾难性的数字，但这并不意味着情况果真如此。”当时的规划部助理部长正好是瑞安以前的学生，他们很熟悉，因此瑞安对眼前的这个人说：“先不要这么快下结论，我带你去隔壁串串门。”就这样，他俩走进助理部长办公室，瑞安说：“抱歉打扰了，你的工资要养多少人？”助理部长沉思片刻后说：“大概 50 人吧。”瑞安说了声“谢谢”，然后带着那个人走出了助理部长办公室。

瑞安分享的这则故事告诉我们，我们不能仅从表面上看数字，即使是看似能反映经济情况的权威指标也不行。瑞安引用了库兹涅茨的话：“我们得拷问数据。”瑞安还表示：“GDP 向我们指出了一些值得关注的事，但别以为它能一劳永逸地回答所有问题。你能明白我所说的重点是什么吗？GDP 不是一个无意义的数字，我们得理解它的真正含义究竟是什么。”

****

耶米·卡莱辗转反侧，彻夜未眠。他的心里藏着一个阴暗的秘密。一些数据在他的脑海里晃来晃去。他明知这些数据无误，却也深知它们饱受争议，甚至可能酿成大错。他甚至想推迟数据的发布，干脆将这个烂摊子留给他的继任者。事后，他向我透露："我当时感到非常别扭，甚至完全不想公布数据。"[11]

卡莱是一名统计学家。说得更确切一些，他是尼日利亚国家统计局局长。尼日利亚是西非大国，而卡莱则是这个国家里地位最高的统计学家。在我们的刻板印象中，与会计师和鸡性别鉴定师一样，统计学家大概是世界上最乏味的职业之一，即便给统计学家再高的头衔，也改变不了其职业特点。但在非洲，情况有所不同。在非洲，经济规模的计算工作充满风险，甚至危机四伏。卡莱曾屡屡为自己的人身安全担忧，并不止一次地接到若干州长打来的恐吓电话，只因卡莱让公众知道了尼日利亚各州的贫困水平和失业率，因而让某些落后州的州长颜面尽失。"这份工作极富争议，"卡莱说，"我们国家的人不太擅长接受现实，无论现实是好是坏。"

从表面上看，藏在卡莱心中的秘密落在了"好的"范畴之中。历时 3 年的研究让他发现，尼日利亚真实的经济规模比之前人们认为的要大 89%。2014 年 4 月，他终于鼓起勇气，发布了研究结果。果不其然，研究结果引起轩然大波——尼日利亚一夜之间赶超南非国家，一跃成为非洲最大经济体。

过去，尼日利亚一直被视为一个爱吹嘘其经济地位的国家。尼日利亚约有 1.8 亿人口，是目前人口最多的非洲国家。该国不仅出产石油，还出产民族自豪感。如果单凭尼日利亚人慷慨激昂、积极奋进甚至锋芒外露式的描述，那么你一定会误以为尼日利亚是一个富国。自其1960年独立以来，尼日利亚人一直孜孜不倦地提醒邻国人民，尼日利亚是一个“超级大国”，但这最多只能证明尼日利亚是非洲最大的国家而已。如今，卡莱的研究结果带来了一场经济界的大地震。

卡莱对尼日利亚真实经济规模的发现，也让许多跨境投资者意外地嗅到了机会的味道。他们中既有寻找下一个广阔市场的啤酒公司，也有在全球寻找投资机会的基金经理。那些一直建议公司在尼日利亚开拓市场的跨国公司高管，终于可以昂首挺胸地走进位于纽约或上海的董事会办公室，证明自己多么有先见之明。

“对尼日利亚经济规模的修正，将对人们产生心理上的影响。”尼日利亚财政部前部长恩戈齐·奥孔乔－伊韦阿拉说，“它验证了投资假设。”她很快指出，尼日利亚当局之所以决定重新计算GDP，不是为了成为非洲最大经济体，而是为了正确地衡量经济规模。话虽如此，顺道一跃成为非洲最大经济体，显然对尼日利亚而言也不是什么损失。

不过，变得更富有也有不好的一面。在这方面，卡莱最有感触。从平均意义上说，这些数据告诉我们，尼日利亚人比他们自己认为的更有钱。但对数千万居住在农村地区的尼日利亚人而言，这显然是闻所未闻的事。在尼日利亚这个非洲最大产油国中，这些人的生活环境污秽不堪、缺水少电，其中的很多人长期处于失业状态。2010年，据卡莱领导下的尼日利亚国家统计局估计，61%的尼日利亚人生活在贫困线以下，每日人均生活费用不足 1 美元。另一份调研结果显示，高达 94% 的受访尼日利亚人认为自己属于低收入人群，而这一比例在 6 年前仅为 76%。“尽管尼日利亚经济持续增长，但每年都有越来越多的尼日利亚人认为自己生活贫困。”卡莱沉痛地说。

从某种意义上讲，卡莱就像是一名传教士。尽管对经济的定义与衡量困难重重，但自尼日利亚 1999 年结束军事政权统计、步入民主化进程以后，他始终将追求更准确的统计结果视为一项神圣的任务。在新经济数据发布的同时，卡莱曾在事先准备好的公开演说中表示：“尼日利亚人要求政府对自身行为负责的呼声愈加高涨，要求政府以实证为基础，实现国家的良好治理。”尼日利亚人受够了政府高官窃取国家财富的行为。此前，从尼日利亚海岸线和沼泽三角洲上泵出的石油所带来的收益，都因政府高官的侵吞而蒸发。卡莱认为，如实地描绘尼日利亚的经济图景，将帮助尼日利亚民众监督政府行为。

但卡莱还认为，万万不能将经济增长与人们生活水平画等号。“一个国家比别国的名义 GDP 更高，本身并不代表这个国家比别国‘更发达’。”卡莱说，“国家发达程度需从一系列指标加以考量，而不能仅凭 GDP 加以判定。严格说来，GDP 只是一个衡量经济产出的指标而已。”他强调，不平等和失业均为社会的痼疾，却又无法反映在国民收入统计数据上。他说：“倘若一个国家的收入进入一小撮精英分子的腰包中，而没有为尼日利亚民众创造就业机会的话，那么谈论经济增长几乎没有任何意义。”

放眼国际，一个国家变得更富有令人喜忧参半。以尼日利亚为例，如果一个国家的经济体量几乎增大90%，那么其欠下的债务其实比人们之前认为的要少，因为债务规模是以GDP为基数，并乘以固定比率计算的。影响公共政策制定的多项重要比率，均以GDP为分母。例如，一个国家的负债水平是通过“债务与GDP之比”来衡量的。若GDP增加，那么债务减少，就是这么简单。从理论上说，随着GDP的扩增，尼日利亚至少应该有能力从海外国家借到更多的钱，并且由于信用等级的提升而只需支付较低的利率。

但像尼日利亚这样的国家，并不总是希望在全球人民的眼中变得更富。就连像中国这样幅员辽阔的重要经济体，也不大愿意将过于炫目的经济统计数据展示在世人面前。世界银行曾协助统计2014年中国经济的发展数据。结果显示，以当地交货价计算，中国正逐步取代美国，成为全球最大经济体。[12]但在数据发布前数月，中国政府反对此数据面世。中国奉行邓小平时代的韬光养晦政策，尽力“低调”实现经济崛起。谁知半路偏偏从世界银行杀出一帮经济学家，使中国的努力付诸东流。

回顾过去，卡莱意识到自己三年前从事的工作可谓如履薄冰。2011年，当他第一次受邀统筹尼日利亚国民收入的重新计算工作时，他就知道自己必然得摸清在像尼日利亚这样一个经济成分复杂的泱泱大国，开展这项工作是否具备现实可行性。这正如尼日利亚作家钦努阿·阿契贝的同名小说中的一句话——事情到了生死攸关的时候。统计结论的可信度的高低，取决于其使用数据的质量好坏。在富裕国家，即使预算充足，政府提供高效的便民服务、拥有常年积累的数据、获得准确的数据也并非易事。我们无法获知每家企业、每户家庭及每个个体从事的一切经济活动，只能从中采集样本，通过交叉比对尽可能多的真实数据，尽可能地提高统计结果的准确度。像尼日利亚这样的国家，其相关经费有限，且政府没有积累大量可供使用的历史数据，因此经济统计的问题显得尤其突出而艰巨。

首要的问题是，没人知道尼日利亚人口的确切数字。在尼日利亚，人口普查甚至比 GDP 调研更容易引发争议，这是因为一个州或地区的人口规模关系到诸多要素，比如政治影响力、社会福利及能够从联邦政府那里获得多少税收转移。尼日利亚的建国历史不长，其边境线由过去的英帝国主义者圈定。这个国家的北部地区的绝大多数人为穆斯林，而南部地区的人主要信奉基督教。1967 年，活跃于东部的伊博族宣布独立并建立比亚法拉共和国，这标志着尼日利亚内战的伊始。内战导致数百万平民在战争引发的饥荒中丧生。因此，想知道尼日利亚各州分别有多少人口的动机，其实蕴藏着引发争端的可能。

此外，在尼日利亚从事经济统计工作的人还面临其他现实问题。过去，英国殖民者曾有统计尼日利亚首都拉各斯人口的打算。然而，当时的北部蝗灾情势严峻，以及东南部因民众不满税收规定而发生暴乱，使这项早期的人口普查工作不得不被无限搁置。[13] 大多数人口统计学家从不认为尼日利亚的人口统计数据属实。无论是人口总数，还是按地区和种族细分的人口数量，都不足为信。可问题是，若不知道尼日利亚人口数据，统计学家将无从准确计算尼日利亚的经济规模。对此，卡莱坦率地说：“我不会使用尼日利亚的人口普查数据，因为它们没有意义。”[14]

让卡莱头疼的事还不止这些。尼日利亚幅员辽阔，人们去部分偏远地区时，需坐车、骑摩托车甚至划独木舟，并需经过数日才可到达目的地。受雇于政府的人走遍大江南北，四处收集数据，但其工作质量却不那么让人放心。鉴于曾有部分调研员存在私自捏造数据的行为，卡莱要求调研员一律安装 GPS（全球定位系统），以确保他们如实下到各个基层收集数据。此外，卡莱还派人随机致电受调者，验证其是否真正接受过访谈。

据卡莱回忆，他曾派 3 000 名调研员奔赴位于尼日利亚西南部的埃基蒂州。他说：“调研小分队将摩托车开进部落，然后从包里掏出调研工具和 iPad（苹果平板电脑）。试想，突然有 6 个衣着光鲜的人齐刷刷地站在当地部落的村民面前提问题，村民势必难以接受。于是，村民将调研小分队的人团团围住，将他们押送至部落首领面前，还威胁要杀掉他们。最后，我们不得不迅速做出反应，给部落首领打电话以化解干戈。”相较之下，从史料记载上看，库兹涅茨当时可无须应对这类令人毛骨悚然的事。

在调研问题的设计上，卡莱必须另辟蹊径。例如，当尼日利亚人被问及收入情况时，他们通常会故意报出一个低于实际收入水平的数字，因为尼日利亚人普遍不信任当局的税务部门。但如果被问及支出情况，那么尼日利亚人通常会拍着胸脯夸下海口，生怕自己的购买力被他人鄙视。卡莱认为，如何巧妙地设置正确的问题，是调研成功与否的关键所在。

其他数据也存在不小的问题。在石油产量和海运货物量方面，卡莱不得不依赖于臭名昭著、腐败不堪的石油企业及港口管理局提供的统计数据。这些统计数据总被怀疑低估了实际水平，因为相关方可借助差值谋利。卡莱说："由于尼日利亚的非正式经济的规模过于庞大，且存在太多未探知的领域，因此即使尼日利亚 GDP 被修正后增加了 89%，仍难免有被低估之嫌。"从技术上说，卡莱的工作在宏观经济统计界被称为"统计口径调整"。全球各国在计算国民收入时，出于对物价浮动的考虑，需将某一年定为"基年"，并将之后各年价格换算成基年价格。假设尼日利亚人在基年生产了 1 亿袋大米（该数字纯属虚构，因此不具备任何可信度），次年生产了 1.1 亿袋大米，那么这两年的差异一目了然，即大米产量的增幅为 10%。但若将物价因素考虑在内的话，尼日利亚就需要对大米产量做出适当调整。这样不仅更便于比较数据，也更符合统计学对数据清洁度的要求。

但问题也随之而来：作为参照的基年数据可能很快就会过时。因为经济处于持续变化之中，一些行业不断发展，另一些行业则出现衰退甚至消亡。或许尼日利亚人如今不再种植水稻，而改种高粱。随着中国制造的纺织品大量涌入，尼日利亚本地纺织业已基本上销声匿迹。联合国经济及社会理事会建议，基年应每 5 年被更换一次。但在资源匮乏的非洲，国家统计局可能得花上数十年时间，才能完成这项劳民伤财的工作。正因如此，联合国提供的许多统计数据都是极不准确的。利比里亚政府在计算通货膨胀率时，沿用的是几十年前制定的一揽子物品价格。不难想象，若利比里亚要更换基年，那么利比里亚的统计学家将不得不走进当地市场，记录喇叭裤和黑胶唱片的当日市价是多少。[15]

尼日利亚将基年定为 1990 年。尼日利亚国家统计局于 2014 年发布的新的经济统计数据显示，这个国家的经济状况发生了诸多变迁。以手机的普及为例，早在 1990 年，尼日利亚几乎还没有引进手机，有的只是约 30 万条座机线，而其中或许只有 10 万条座机线能够正常使用。当时，尼日利亚甚至连一本可靠的电话簿也没有。据某位记者回忆，他当时不得不让一名司机驱车穿过拥堵的拉各斯街头，亲自登门前往某人的住所，询问其电话号码。到了 2010 年，这种情况有了明显改观：尼日利亚电信运营商共为 8 000 万部手机提供服务。然而，由于移动电信服务业在 1990 年仅占尼日利亚经济的一小部分，因此若尼日利亚的宏观经济统计仍以 1990 年为基年，那么移动电信服务业的爆发式增长将无法在经济统计中反映出来。

尼日利亚的经济变迁还体现在其他方面。如今，被戏称为“尼莱坞”的尼日利亚电影业欣欣向荣，年产数百部电影，但其经济产值却无人问津。诸如《去阿布贾的最后航班》之类的电影一经面世，不仅在尼日利亚国内广受好评，还在整个非洲范围内吸引了众多影迷。然而，在以 1990 年为基年的尼日利亚国家统计局看来，“尼莱坞”恍若不存在一般。与此同时，在技术的驱动下，尼日利亚的银行业同样发展迅猛。来自境外各社会阶层的财富涌进尼日利亚，冲淡了该国原本以石油业为主导的经济成分。但同样的问题再次发生，以1990年为基年的经济统计，并未如实反映银行业在经济中所占的比重。

卡莱领导下的尼日利亚国家统计局在2014年发布新版宏观经济数据时，终于将基年改为2010年。由此，卡莱发现，尼日利亚经济结构自1990年以来已发生巨变，并呈显著的多样化特征。石油和天然气曾一度被视为尼日利亚的经济支柱，但其GDP占比从1990年的32.4%下降至2014年的14.4%，跌幅约为50%。同期，农业的GDP占比略有上升，而仅电信业的GDP占比就从1990年的0.8%上升至2014年的8.6%。就连以小成本制作和大规模剽窃闻名的“尼莱坞”的产出，如今也占到尼日利亚GDP的1.4%。曾经前景模糊的行为，如今却成了经济发展的焦点所在。

尽管存在上述诸多问题，我们至今仍孜孜不倦地比较着不同国家的经济规模与人民生活水平。每个人都该将特里·瑞安的话铭记于心：“别忘了，某些国家的经济简直可以说是‘大黄’般的存在。”

第八章

无限增长心态

第一次去印度时，我正好 20 岁。还记得当时是凌晨 3 点，机舱门一打开，我顺着吱吱呀呀的阶梯向下走，空气如洗澡水般又湿又热。出了机场，我听到一些微弱的鼾声，这才留意到成百上千的流浪汉就这样席地而睡。他们无家可归，只好在新德里国际机场外将就着打地铺。

那是 1985 年，当时的印度还是一个相当贫穷的国家。据世界银行估算，当时印度的人均收入仅为 300 美元左右，人均期望寿命为 56 岁。赤贫者随处可见，光脚的孩子们在街上成群地嬉笑打闹，乞丐毫不掩饰地朝路人挥舞自己的残肢断足。疾病、营养不良和赤贫成了赤裸裸的景象，在城镇和村庄俯拾即是。

如今的印度仍未完全脱贫，但的确改头换面了一番。其人均收入是 1985 年的 5 倍多，已超过 1 500 美元。按当地物价调整后，这一数值甚至可达 6 000 美元左右。经过几十年的发展，印度的人均期望寿命已提升至 68 岁。婴儿死亡率几乎下降 2/3，由 1985 年的 1/10，降至如今的 37/1 000。[1] 尽管仍有大量贫困人口存在，但印度近年来维持着惊人的经济增速，社会生活呈现方方面面的现代化特征，汽车、摩托车、立交桥、手机、超市、摩天大楼、电话客服中心一应俱全，印度人总体的生活节奏和精神状况也有了大幅改观。虽然种族差别和有失公正的情况每天均可见诸报端，但正如某评论家指出的那样，印度自认是一个“新锐”国家。不过，印度的“新锐”到底体现在哪方面，还有待观察。[2]

但毋庸置疑的是，经济增长（即由 GDP 粗略衡量的经济增长）能改变低收入人群的生活。据韩国发展经济学泰斗张夏准介绍（他生在 20 世纪 60 年代的韩国），1963 年，即他出生两年前，韩国的人均收入仅为 82 美元。同期，以生产可可为主、刚独立不久的新兴西非国家加纳的人均收入也有 179 美元。当时的韩国首都汉城（现在的首尔），就是一片火红的土地，因为所有树木均遭砍伐，转而成为生火的柴火。相较之下，当时资源相对富足的朝鲜被认为是朝鲜半岛上更富裕的国家。如今，首尔已发展为一座快节奏的繁荣都市，灯红酒绿，各式时髦商店、餐馆和夜店鳞次栉比。全世界的人都在用韩国产的智能手机，开着韩国制造的汽车。自 1960 年至今，韩国经历了俗称“汉江奇迹”的崛起期，从原本国力明显不敌加纳的国家，一跃成为富裕程度可与大多数欧洲国家相媲美的国家。现在韩国的人均收入已近 3 000 美元。到 2017 年，韩国已从亚洲最不按常理出牌的民主制国家，逐渐发展成敢于弹劾滥用职权的总统的民主制国家。

当然，当代韩国社会自有其问题，且其中许多问题与经济发展有关。韩国的自杀率居高不下，激烈的社会竞争使人压抑，人人都渴望比他人更出色、更有钱。许多年轻人脱胎于高压的韩国教育体系，虽然坐拥各式学历证书，但可能连获得其渴望的工作或社会地位的机会也没有。无论如何，我们断然不该夸大当今韩国社会的贫穷程度。比起祖父母辈的人，今天的韩国人前所未有地享受着自主选择生活的机会。韩国人集结民族智慧，顺利赶超加纳人，而后者中的绝大多数人如今依旧无力主宰自身命运。2017 年，韩国人均收入已达加纳的 8 倍多，个中原因有且只有一个：这是复合增长的奇迹。[3]

前文已述及，如今的“经济增长”概念早已变得面目全非，且经常与我们自以为是的认知相左。但对低收入人群而言，经济增长的确能改善他们的生活。随着经济的快速增长，更多就业机会被创造出来，铺路工、建筑工或电话客服等岗位空缺有待填补。低收入人群通过就业，可有效改善自身的生活水平。同时，这些新增工作岗位还能为政府带来税收，而政府又用税收对社会财富进行再分配，并修建有助于进一步发展经济的硬性和软性基础设施。[4] 当然，这些新增就业机会也会带来其他问题。原本住在乡下的人因为找到工作而在城市贫民窟定居下来，或与汽车一起露宿街头。但除非你是一个不折不扣的田园生活爱好者，否则你将无法否认，对发展落后的国家而言，经济增长是改善基层人民生活的原动力。

这项结论虽然看似显而易见，但在过去几十年内，发展经济却从未被印度政府优先提上议程。领导印度独立运动并使印度脱离英国殖民统治的圣雄甘地，一心向往乡野生活。因此，即使印度独立后，甘地的这些观点依旧影响着印度国策的制定，举国上下都对贫困生活抱持一种崇敬的态度。印度首任总理贾瓦哈拉尔·尼赫鲁一直以智力超群、深谋远虑的形象示人，他虽比甘地更主张发展经济和现代化，但其思想却带有浓重的社会主义和平均分配主义色彩。可问题是，当时的印度几乎没有多少财富可供平均分配。[5]受苏联影响，尼赫鲁领导下的印度成了一个计划经济国家，并实行贸易保护主义政策。印度政府高层致力于打造国内重工业，并以禁止许多消费品进口的方式刺激本土生产。这项国策带来的负面结果是，印度人民一方面使用着质量低劣的本土产品，另一方面又不得不忍受因产品供应有限而导致的高价。

当时，印度政府高层对发展经济几乎持怀疑态度，唯恐一部分人先富起来，进而引发社会动乱。1972 年，尼赫鲁的女儿英迪拉·甘地出任总理后，立马对所谓的“无限增长心态”展开猛烈抨击。她曾在某次公开演说中呼吁：“人们应始终注意提防‘实现 GNP 最大化’的危险思想，因为这种思想将无一例外地引发社会和政治动乱。”[6]

如果说印度的国策是避免发展经济，那么这项政策的实施效果实在令人啧啧称奇。人们为讽刺印度经济增速之缓，甚至发明了“印度式经济增长率”一词。印度自 1947 年独立以来，40 年过去了，其 GDP 年增速仅上升了 3.5 个百分点。如果我们想想印度人口规模在此期间扩大了 2%，那么印度经济增速究竟有多缓慢便一目了然了。这段时期内的印度经济增速仅比 1% 高一点，对减少国内沉重的脱贫负担几乎起不到任何作用。就这样，印度没能像韩国一样，在经济史上创造出一个“恒河奇迹”。

****

20 世纪 80 年代末，印度经济一再陷入危机，外汇储备几乎降为零。在腹背受敌的情况下，印度政府终于决定发动经济改革。1991 年，时任印度财长的曼莫汉 · 辛格临危受命，实施了一系列激进的经济改革政策：降低进口关税，削减税收，并扫除了境外资本来印投资的各项障碍。最重要的是，他废除了所谓的“执照为王”制度。这一疯狂的官僚制度，用无数的许可、执照和管制措施控制着印度工业，并有效地限制了一小撮资本家企图通过裙带关系赚钱的机会。20 世纪 90 年代后，印度经济开始增长，增速稳定在 7% 以上。在这样的增速下，经济规模大约能每 10 年翻一番。后几届印度政府持续深化经济改革，将更多经济领域向自由市场和境外投资开放。截至 2016 年，印度已成为与中国齐名的最热经济大国。[7]

2010 年，著名经济学家贾格迪什 · 巴格瓦蒂对印度国会人民院（下议院）发表了一次演说。只见他眼中闪过一丝戏谑的神色，赞扬了经济增长对印度人民生活的积极影响。他提到，2 亿印度人已成功脱贫。印度经济改革的总工程师们反对“为了经济增长而增长”。相反，他们将经济增长视为一种动力，一种帮助人民摆脱贫困的武器。他否认印度经济改革政策与里根那套被搞臭了的“涓滴经济学”理论有任何关联，因为印度政府并不像里根那样主张大刀阔斧地为高收入人群减税。相反，巴格瓦蒂对印度国会人民院的议员们说：“经济增长能够创造就业机会，进而帮助人民脱贫。它本身只是一种策略，而非终极目的。”

巴格瓦蒂的立场与另一位印度经济学家阿马蒂亚·森不同。后者是1998年诺贝尔经济学奖获得者，于20世纪50年代与巴格瓦蒂一起在英国剑桥大学经济学系学习。（顺便一提，印度经济改革的总工程师曼莫汉·辛格此时也在剑桥大学读经济学）。森严厉反对信仰市场这只“看不见的手”的“市场原教旨主义”，转而强调“社会能力”，它本质上是社会保障个人自由与取得成就的能力，具体内容从最基本的获得食物、教育和医疗服务的能力，到更远大的获得政治自由、参与民主进程或不受性别与种族歧视、自主选择生活方式的能力。

10岁时的某天，森在位于达卡的家的院子里玩耍。达卡现为孟加拉国首都，但在孟加拉国独立前曾是印度的一座城市。[8]当时，一名男子突然尖叫着闯进森家的院子里，男子背后的刀伤血流不止。在那个年代，信奉印度教的人与穆斯林之间时常发生暴力冲突。眼前这名受伤男子是一个穆斯林，名叫卡迪尔·米亚，此前在一个印度教徒占主导地位的地区做劳工，不料遭到当地犯罪团队的重袭。惊魂未定的森让米亚喝了口水，森的父亲急忙将受伤的米亚送往医院。

在去医院的路上，米亚表示自己的妻子此前就告诫过他，在这样兵荒马乱的年代，穆斯林万万不可去印度教徒聚集的地区打工。但为了养家糊口，他别无选择，只能靠白天做苦力换来一点儿小钱，否则就得眼睁睁地看着家人饿死。后来，森在自己的著作中写道："他（米亚）被送到医院后，终因医治无效而死亡。一个在经济上不自由的人，等待他的结果竟是死亡。"这一事件令一个未来是诺贝尔经济学奖得主的小男孩深深地相信，贫穷与不自由是一对孪生兄弟。

在森看来，社会发展一直被过度简化成经济指标的变化，但社会发展的目的实则为"使人们得以在更大程度上享受自由"。[9] 他认为，经济增长能为个人提供逃避"不自由"的金钱或其他方面的支持，而"不自由"指的正是个人无法按自由意志选择人生的状态。森指出，扩大人们的自由度，比如确保其能够享受医疗和教育的基本权利，同样有助于经济增长。从"不自由"向"自由"状态的转变，应当被视为社会发展的前提，而非经济增长的先决条件。

巴格瓦蒂的立场和森的立场像一枚硬币的正反面：一方认为经济增长能帮助人民脱贫，另一方则认为贫穷是自由之路上的绊脚石。然而，尽管两者观点在某些方面明显具有共性，但这仍旧没能阻止双方互相批评，甚至对对方进行恶性攻击。巴格瓦蒂对印度国会人民院发表演说后不久，森就向《金融时报》记者表示，当几千万印度人民仍在贫困线上挣扎时，印度政府将实现两位数经济增长的目标优先提上议程的做法堪称"愚蠢"。[10]

作为还击，巴格瓦蒂将森讥讽为"经济学界的特蕾莎修女"，指责他迟迟不肯承认经济增长带来的价值，并百般阻挠经济增长前必须开展的一系列改革。“印度的财富再分配不可能先于经济增长发生，因为印度社会里的高收入人群太少，低收入人群太多。”巴格瓦蒂在文章中写道，“如果你想平分一块馅饼，那么你首先得有一块馅饼才行。”对此，森用惯常的文风还击道：“马的跟前确实有一辆车，但这辆车是一辆破旧的老爷车！”

两位经济学家的争论在2013年印度政府大选期间被进一步激化。自印度独立以来，尼赫鲁–甘地家族后裔拉胡尔·甘地一直主导印度政坛，并与印度非精英阶层出身的政治家、茶商的儿子纳伦德拉·莫迪共同竞选印度总理。此前，莫迪一直任古吉拉特邦邦长。其行事风格备受争议，有人对其重商、理智的政治风格表示赞扬，也有人控诉其在2002年的一场近800名穆斯林丧生的大屠杀中袖手旁观。莫迪在民众眼中是一个褒贬不一的角色，这一点也充分体现在巴格瓦蒂和森的观点分歧上。巴格瓦蒂支持莫迪，但森对莫迪持反对态度。

从更广泛的意义上说，森与许多人一样，对印度每天大肆鼓吹的经济发展表示怀疑。他一方面因印度国内低收入人群的持续贫困而深受震撼，并称该人群普遍存在营养不良的问题[11]，另一方面又对印度高收入人群的富有程度感到震惊。印度高收入人群以炫耀式的消费闻名于世。某印度矿业大亨曾邀请5万名宾客参加其女婚礼，婚礼在班加罗尔市内一座仿都铎王朝建筑风格的城堡里进行，花费共计8 000万美元。[12]印度的亿万富翁越来越多，其中一些人在发家致富的同时并没有什么社会责任感。孟买市的贫民窟里居住着数百万贫民，而印度首富穆克什·安巴尼却在市里建了一座27层高的私宅，这座被称为“参天宫殿”的建筑共计耗资10亿美元。森指出，孟加拉国的经济水平虽不及印度，但其低收入人群（尤其是女性）具有更高的人均期望寿命，享受更普及的疫苗接种，并较其印度同类人群在生育方面拥有更大的掌控权。[13] 换言之，孟加拉国以比印度更低的GDP，取得了比印度更好的社会发展成果。

巴格瓦蒂对森的诸多论点表示反对。他用一系列数字强调了印度在脱贫方面取得的进步，以及印度经济增长为多项社会指标带来的改善。他说：“经济增长是一个必要条件，而非充分条件。只有GDP越高，你才有更强的能力来合法享受GDP增加带来的种种好处。”

两位经济学家之间的智力对抗看似小肚鸡肠，但究其本质，巴格瓦蒂的观点是，我们需要靠经济增长产生医疗和教育资金，而森的观点是，我们需要良好的医疗和教育为经济增长创造必要条件。两者在观点上的分歧不在于最终结果，而在于事情发生的先后顺序。

尽管巴格瓦蒂和森的争论仍在学术界激烈上演，但民心所指则相对清晰。在那次印度大选中，莫迪取得压倒性胜利。我曾密切跟踪过那次大选，并于2014年多次走访印度。就在投票日前两周，莫迪已经看上去胜券在握。我在自己的报道中写道：“长期执政的印度国民大会党之所以将在此次大选中失利，原因在于其对印度国情变化的预判不足。”15年的经济发展历程虽未产生“恒河奇迹”，但让印度国内的赤贫人口数量变少了。这种变化减少了印度贫民阶层对主张精英政治的国民大会党的依赖。

“多数印度人不再满足于国民大会党制订的就业刺激计划，或发放的食物供给。”我在报道中这样写道，“许多印度人已经有了更好生活的初体验。现在，他们想就业和得到各种各样的人生机遇。就连那些仍在社会底层挣扎、却渴望进入上流社会的人，也能预见到改善后的生活将是何种情形。卫星电视频道将中产阶级的生活情形带到了印度最偏远的角落。”[14]

许多印度人已经脱离了一位经济学家所称的“乞求阶层”，转而成为有志向的一群人。[15]印度的社会精英阶层没能捕捉到15年经济发展带来的社会变化。但莫迪不是，他看到了经济增长究竟带来了怎样引人入胜的社会变革。

****

2017年2月，瑞典统计学家汉斯·罗斯林去世前不久，我曾与他讨论过关于落后国家的经济增长的问题。[16]罗斯林是统计学界的明星，其专业能力可谓万里挑一。他极擅长TED（技术、娱乐、设计）演讲，曾在一场演讲中用动态气泡图展示数据，并拿着一根底部安着橡胶把手的长棍在气泡图上指来指去。罗斯林自称“寓教于乐的工作者”。尽管他不同意，但我认为他也是一位乐观主义者。[17]他相信，落后国家与发达国家之间的差距正在逐渐缩小，这一趋势在基本卫生指标（如婴儿死亡率）上反映得尤其明显。这些主要指标显示，已经走在发展之路上的国家终将实现所谓“电灯泡向洗衣机的转变”。和我一样，罗斯林也认为世界各国在生活水平上的靠近是一件让人感到振奋的事。

在我们长达 1 个小时的对话伊始，罗斯林就在为经济增长正名。“现在在你面前的是一位来自瑞典某大学公共卫生系的教授，他研究的领域是全球卫生，而他所在的国家瑞典，则是世界上最爱收税的国家。”罗斯林停顿了一下，以营造出一种喜剧式的效果，并几乎故意加重了他那唱歌式的瑞典英语口音：“‘我爱钱，我爱 GDP’，因为在我看来，GDP 从来都不是一个衡量输出的指标，而是一个衡量输入的指标。这就是你现在所有的东西，但你可以在此基础上创造些什么出来。”

经济增长本身不是目的。只要管理得当，经济增长就可以产生改善人民生活的神奇力量。他说：“几年前，我曾做过一项研究。我比较了人均 GDP 与儿童存活率数据，结果发现人均 GDP 与儿童存活率存在显著关联，这项结论在全球 80% 的国家均适用。”[18] 换句话说，更高的收入显然预示着更好的健康状况，而后者在这项研究中以儿童存活率来体现。然而，这种相关性既不适用于所有情况，也无益于解决经济增长和人民健康哪个是“鸡”、哪个是“蛋”的争端。

罗斯林提供的数据还显示，政府制定错误政策的概率是 20%。非洲南部国家安哥拉就是这样一个例子。安哥拉曾在 21 世纪的前 15 年取得了飞速的经济增长，却在全球油价体系崩溃后陷入经济停滞。可即便经济处于快速发展期，安哥拉也未能将两位数的经济增长转化为更好的人民生活水平，部分原因在于若泽·爱德华多·多斯桑托斯领导下的安哥拉政府让一小部分精英分子私吞了国家的大多数财富。多斯桑托斯执政长达37年，终于在2017年下台。在那一年，尽管经济增长态势依旧看好，但安哥拉的婴儿死亡率仍高达98/1 000，人均期望寿命仅为53岁。安哥拉在全球各项指标排名中均处倒数，甚至不如那些名义上的落后国家。

在安哥拉发展失败的案例中，我们可以看到除政策制定不当、收入分配体系混乱等原因之外，还有一项因素不容忽视：安哥拉的经济增长不过是近几年的事，而将经济增长转化为人民福利则是一个长时间的过程。（这印证了巴格瓦蒂的观点，即经济增长有时可能会先于卫生指标出现。）罗斯林说："人们不可能在超市里买到健康。看看科威特、沙特阿拉伯和阿联酋吧，这些国家都有钱，却花了25年时间才将这些钱转化为社会福利和人民健康。"不过，卫生状况与经济增长之间的关系不容置疑。他说："对于那些人均收入超过2万美元的国家，其婴儿死亡率都不会高。而对于那些人均收入低于1 000美元的国家，其婴儿死亡率必然不会低。"[19]

只有当一个国家从中低收入国家（如印度、印尼）发展为中高收入国家（如中国）时，其人民健康状况才会出现显著改善。这一分水岭为4 000美元左右的名义收入水平。[20]尽管从印度变成中国能使人民健康状况获得质的飞跃，但从中国变成欧洲国家或北美国家，却不会继续为人民健康状况带来显著改善。换句话说，人均收入处于4 000美元上下的低收入国家，能在公共卫生领域取得显著进步。之后，随着人均收入的进一步上升，人民健康带来的回报反而下降。

原因在于人们获得诸如疫苗、抗生素之类的基本药物并不需要花太多钱。如今，越南人的生活水平大致相当于19世纪80年代美国人的生活水平，但两者的人均期望寿命却是相同的。从公共卫生的角度来看，越南赚了100年的发展时间。[21]

在社会不平等问题上，罗斯林也有话要说。对落后国家而言，经济腾飞必然伴随着社会不平等程度的拉大，毕竟脱贫有先有后。罗斯林举了埃塞俄比亚的例子。这个拥有1亿人口的国家既经历着快速的经济增长，又在将这种增长不断转化为人民健康水平的提高。罗斯林说："我们只要将埃塞俄比亚社会进行细分，就不难发现不同的社会阶层做的事情截然不同。"例如，从整体上看，埃塞俄比亚的女性生育数量大幅减少，从20世纪90年代的7个孩子降至2015年的4.6个。[22]然而，整体情况不足以说明问题。在埃塞俄比亚的偏远地区，女性依旧大量生育。但在经济快速发展的首都亚的斯亚贝巴，女性生育数量已降至人均2个孩子以下，甚至低于伦敦。

若罗斯林所说属实，那么让落后国家优先解决社会不平等问题就未必是明智之举。尤其在经济发展的初始阶段，这种做法更是不可取。罗斯林表示："非洲国家无法在下个10年内改善社会不平等问题，它们得先把经济发展起来。非洲国家只有先让高学历人群享受更好的医疗服务和教育资源，才能带动其他人平等地享受社会福利。"从长远来看，落后国家的政府得先制定政策，在先富和后富人群中建立联系，实现部分财富的再分配。否则，这些国家将面临社会阶层冲突变得更严重的风险。罗斯林还表示："但是，这些国家可以等经济发展了 10 年、20 年后，再着手缩小高收入人群和低收入人群间的差距。”作为中国经济转型的总设计师，邓小平曾表达过同样的观点。他那“让一部分人先富起来”的名言，打破了中国社会此前实行的平均主义原则。

经济增长与社会进步一经启动，就能自发延续下去。罗斯林说：“两者是互补关系。钱多了，社会福利也因此变好了。社会福利变好了，再辅以行之有效的政策，又能带来更多钱。”在如何将经济增长变为社会进步方面，罗斯林自有方法：持续改善国家机关的办事效率，维持各民族、地区稳定；用公家的钱为人民谋福利，让人民获得基本医疗资源和义务教育，免遭大规模传染性疾病的侵害；征收烟草税，不干扰私营部门自主发展。如果一个国家做到了这些，那么其经济不腾飞也难。韩国等国家都是如此。

我问：“实现经济增长后，基本医疗服务和教育资源就会随之而来吗？”罗斯林答道：“这种说法从来就不存在。”他称古巴是奉行“愚蠢经济学”的典型国家，却也没能将出色的社会发展指标转变成经济增长。罗斯林向我透露，他曾在位于哈瓦那的古巴卫生部讲过一次课。他之所以受邀去讲课，源于他在政治立场上的中立性。课后，前来参会的古巴教育部部长点评道：“这位教授的意思是，古巴人是低收入人群中的最健康的人。”此话一出，引得满堂喝彩。面对这位教育部部长的逻辑错误，罗斯林笑而不语。从会场出来时，一位聪明绝顶、年轻勇敢的古巴统计学家凑近他耳边，说：“我们其实只是健康人中的收入最低的人而已。”

第三部分
经济增长以外的问题

第九章

财　富

假设有两个人，一个人是比尔，另一个人是本。比尔在高盛从事投资银行工作，年收入为20万美元。照银行业的薪酬标准来看，他的年薪的确是低了点儿，但我只是象征性地举个例子。本是一个园丁，靠修剪植物和篱笆，他一年能挣2万美元。那么比尔和本，谁的生活更好？若以收入为衡量标准，那么显然比尔的日子过得更滋润，而且比本的生活要好上10倍。以GDP评判国家财富大小的方法亦是同理。GDP告诉我们的只是一年内“流向”某国家或地区的收入。但与GDP一样，这些收入数据并不能揭示比尔和本究竟有多富有。

为此，我们得进一步了解比尔和本的资产情况。之前忘了说，身为园丁的本，最近继承了长岛郊区价值1亿美元的某大型房产。事实上，本只在每周二切换成园丁身份，而且只是在自家大花园里满足一点儿个人的小爱好而已，并给自己象征性地发点儿工资。但他打算明年卖掉继承的房产，搬到曼哈顿更繁华的地区定居，再将剩下的 9 500 万美元用于投资，光靠收利息就能过上衣食无忧的生活。

而可怜的比尔呢？他债台高筑，不得不拿出每月工资的一半还房贷，且他还需要 10 年才能还清这笔房贷。此外，他还得给自己那台保养得并不怎么好的保时捷还车贷。为了维持冠冕堂皇的生活方式，他已透支了银行卡。雪上加霜的是，眼见他已近 50 岁（对了，本只有 19 岁），银行决定不再向他提供贷款。

现在，让我们再来看看，谁的生活更好？比尔还是本？

衡量经济增长的标准方法能揭示有关收入的一切信息，却无法使人真正洞悉财富的多寡。正如收入不能反映个人的真正财富，GDP 也不能反映国家的真正财富，而这正是 GDP 的根本性缺陷之一。沙特阿拉伯的经济增长数字实际上没有任何意义。为什么？因为它们反映的只是沙特阿拉伯的石油收入，但石油资源总有枯竭的一天。到那时，除非沙特阿拉伯已经发现了其他创收门路，否则其经济规模只会萎缩。[1] 借用前面的例子，沙特阿拉伯就是国家中的“比尔”。

若想真正了解这个世界，就必然牵涉到对财富的衡量，而财富的多寡又由资产决定。然而，在宏观经济统计方面，我们手头可用的工具并不多。国民账户中包含着海量信息，却很少为痴迷于经济增长的政策制定者所用。他们的眼中只有 GDP，因此他们也只能以 GDP 作为衡量经济增长的工具。

仔细想想，这种现象是相当不正常的。当投资者评估是否投资一家企业时，不会单看企业的利润或损失，还会看其资产负债表。反映企业利润和损失的表被称为“损益表”，展示的是企业在一段时期内的收入和支出流。笼统地说，如果收入大于支出，企业就处于盈利状态，否则就处于亏损状态。资产负债表不同于损益表，衡量的并非收支的动态变化，而仅为收支在某个时刻的静止状态。它列明了企业资产、债务和股东股本，展示的是这家企业自身拥有什么，以及欠了多少债务。同时，它还揭示了企业实际上“值多少钱”，而非仅仅显示企业在过去一年内挣了多少钱。[2]

政治家和政策制定者只知道用 GDP 来比较国家财富（即国家实际资产）的多少，但 GDP 实质上相当于一张损益表，而非资产负债表。现实问题是，除少数几种试验性的卫星账户外，业界再无其他衡量国家财富的系统性尝试。[3]对此，经济学家乌玛尔·哈克曾表示：“国民账户领域一直没有创新，完全被卡在原地动弹不得。”他将此视为一种令人震惊的失败，并认为在国民账户领域进行创新已到了迫在眉睫的地步。他还敦促那些在多边金融组织（如国际货币基金组织和世界银行）工作的所谓“伟大的经济思想家”们，不要一再地改善GDP的计算方法，而要多在国家财富的衡量方法上用点儿心。“为什么国民账户领域一直没有创新，让我们总是不能精确地了解国家的经济概况呢？”哈克一手执烟，一手拿着一杯意式浓缩咖啡说道，“在没有描述国家资产的数据的情况下，我们怎敢自称对国家财富有哪怕半点儿的了解呢？”

****

帕萨·达斯古普塔是英国剑桥大学“弗兰克·拉姆齐”名誉教授，也是环境经济学领域的先锋人物。他的大半个职业生涯都是在经济学界另辟蹊径。我曾在剑桥大学与其有过一次交谈。当时，他在剑桥大学圣约翰学院威风凛凛的大门口迎接我，身穿一套休闲西服，脚踩一双白色球鞋。对一个 74 岁高龄的人而言，他看上去依旧干练、敏捷。我在他的带领下来到他的书房，只见书架上陈列着一排排书，窗外就是康河。他斟上一杯雪莉酒，递给我，这个动作瞬间将我拉回到以前那个更加内敛而优雅的年代。我立马接过酒，此时不过上午 11 点。

达斯古普塔出生于现在的孟加拉国境内，却早在 20 世纪 60 年代就在英国剑桥大学三一学院攻读经济学博士学位。因此，与许多移民家庭出身的人一样，达斯古普塔可谓是再地道不过的英国人。他有一种文质彬彬、干净纯粹的气质。谈到经济增长时，他并未因 GDP 衡量的对象有问题而一味地大张挞伐。在他看来，无论研究对象是家庭、国家还是全球，除收入以外，我们还应给予财富同等的关注。此处，财富是指某经济体资产存量的社会价值，包括生产资本（公路、港口、机械设备等）、人力资本（人口规模、结构、教育程度及健康水平）、知识资本（艺术、人文和科学）及自然资本（生态系统、水资源、大气层、土地和地下矿藏资源）。[4]

照此看来，计算一个经济体的财富在难度上堪比登月。例如，我们究竟怎样做才能定量计算知识或文化的价值呢？达斯古普塔深知财富计算在概念上仍有诸多难点有待克服，但他对此总体有两个看法。其一，自 20 世纪 40 年代以来，人类已投入大量精力和金钱，试图创造或修正当前的经济增长衡量指标。相较之下，人类在国民账户资产负债表方面所做的尝试简直微不足道。“虽然国家财富的确难以计算，但这并不表示我们就有理由逃避它。”达斯古普塔的语气不容置疑，“毕竟 GDP 的计算也容易不到哪里去。”

其二，达斯古普塔认为，解决任何脑力问题的最佳方法，莫过于先提出一个极端假设，再在实践过程中不断根据现实修正假设。从理论上说，我们应当为国家建立资产负债表，以便从中发现国家拥有哪些资产，又有哪些债务。因此，我们在计算国家财富这一艰巨任务前不应退缩，反而应当集思广益，携手创造出一种合理的计算方法。

资产存量与流动情况的衡量手段息息相关，因为两者均为公司账户资产负债表中的必然组成部分。某企业借助机械设备和一批训练有素的工人生产产品或提供服务，进而为本年度或未来几年创造收入。企业既可选择将所有资产立即变现，又可选择积累资产，牺牲眼下暂时的收入，而在未来多创造一些收入。例如，某生产企业有一台年久失修的机器，对此企业可能有两种做法。一种做法是不更换机器，继续在当前创造尽可能多的收入，但在未来某个时间点上，这台机器必然“寿终正寝”。另一种做法是，企业可投资购买最先进的生产机器人，或重金资助其工人参加职业培训、提升工作技能，以最大化地提升企业竞争力，由此间接为企业未来创造更多收入。但这种做法也有弊端，即必然牺牲企业当前的收入。

再来看看个人的例子。对一个生活在富裕国家的人而言，其个人资产可能包括不动产、各项理财投资，以及被折算成现价的终身收入和社保基金。达斯古普塔说："这些就是资产存量，支撑着我们的人生规划。我们既可消耗资产存量，如在自己的教育上花钱，也可通过消耗一部分资产，转而获得另一部分资产，即所谓的人力投入。"但对一个生活在贫困国家的人而言，其个人资产可能包括土地、家禽或公共水域捕鱼权。手头紧的时候，这个人可以卖掉自养的奶牛，以换得食物充饥（即维持人力资本的存续），或凑齐去城里找工作的路费。达斯古普塔说："这就是在将一种形式的资产转换成另一种形式的资产。"

个人或国家资产不仅限于有形的自然或工业资产，还包括专业技能人员（如木匠、博士等）带来的软实力。同理，文化资产也可借助这一方法进行计算。假设有两座一模一样的岛，其中一座岛上的人互不信任，另一座岛上的人却完全信赖彼此。在"信任"岛上，人与人之间的贸易成为可能，因为人们相信他人一定会履行交易承诺，如以两块毯子换来对方家奶牛一年的奶源供应。但在"不信任"岛上，由于人与人之间缺少信任，家家户户不可能交换商品。长此以往，即使起始资产相同，两座岛的发展情况也将大不相同。[5]

现在，让我们再来看看自然资产。"现代经济增长和社会发展模式以'大自然是一种取之不尽的固定生产要素'为假设。但这种假设显然是错误的。”达斯古普塔在其著作中写道，“大自然是一整套可消耗资产的总和。农业用地、森林、分水岭、渔场、淡水资源、河口、湿地及大气层，甚至更宏观的生态系统，都属于可再生资产，却也能被人为耗竭或破坏。”[6]

达斯古普塔说：“在‘GDP’的三个字母中，最狡诈的莫过于‘G（总值）’，因为总值并不能反映资产贬值的情况。如果一块湿地被人为排干并用于兴建一座购物商场，那么兴建商场的行为就对GDP有贡献，而破坏湿地的行为就不会对GDP造成任何影响。”倘若商场的社会价值低于湿地的社会价值，那么经济状况实际上随着财富的缩水而变差，我们和我们的后代就将因生态被破坏而遭殃，但光从GDP上看，整个社会经济依旧呈现一派欣欣向荣的景象。

出于三方面彼此关联的原因，我们应当留心除“经济增长”以外的国家财富情况。

第一，计算国家财富有助于我们更好地洞察资产存量与流动随时间的变化情况。就个人层面而言，如果我们知道自己可支配的钱有多少，就能将这些钱合理地投入某方面（如攻读硕士学位），以期获得更高额的回报。就国家层面而言，一个国家经常需要在国民收入的用途上权衡利弊，看何时需要累积国民收入，何时又需要用国民收入进行未来投资。例如，免费的高等教育或许为国家带来过重的经济负担，但我们若从财富的角度加以衡量，那么更多国民接受高等教育将意味着国家财富的增加，而非只意味着对当下经济增长的损害。基础设施建设也是同理。例如，高铁建设就是一项能够在未来带来回报的投资。如何看待这些经济活动是很重要的。美国独立参议员伯尔尼·桑德斯和英国工党党首杰里米·科尔宾均提议增加政府拨款，为学生减免学费。从财富计算的角度来看，他们的政策比免费提供高等教育的政策更加温和，但也更趋合理。

第二，我们之所以有必要计算国家财富，是基于这样一项客观事实——我们当下的行为对后代有影响。仅仅记录现在的国民收入，将无法为我们的后代带来任何好处。GDP 发出的信号，只能一味地煽动我们将当前收入最大化，让我们无视经济活动可能对未来造成的任何影响。在极端情况下，为了保证高达两位数的经济增速，一代人甚至不惜用尽整个国家的森林植被和石油资源，并默认后代能自行解决环境恶化的问题。如今，一旦某国政府颁布以牺牲环境为代价的经济政策时，就会以“促进经济快速增长”为挡箭牌。但从财富的角度来看，该国财富水平实则出现了断崖式下跌。试想，题为《国家财富下降 5 个百分点》的头版头条，肯定比《GDP 增加 3 个百分点》的新闻报道更具警示意义。因此，衡量国家财富的真实水平，至少将有助于选民更清晰地从各个角度权衡政府经济政策的利弊，并使我们有机会更清楚地意识到，我们留给子孙的究竟是一个怎样的未来。

第三，与上述两方面密切相关的是，计算国家财富事关社会的可持续发展。说得更直白一些，即衡量国家财富有助于防止社会体系崩塌。距离南美洲海岸 2 000 公里远的复活节岛上，矗立着一些废弃的古老石像。这里曾一度达到人类文明的巅峰。[7] 1722 年的复活节那天，当荷兰探险家雅各布·罗格文“发现”这座岛时，岛上一片荒芜，野草丛生，没有一棵树，灌木也不超过 10 英尺[①] 高。尽管擅长航海的波利尼西亚人曾在这座岛上居住，但后来的岛民退化到只会划简易的独木舟，许多人过着食不果腹的穴居生活。然而，这样一座破败的岛，也曾在历史上有过一段极为不凡的时期。当时是公元 400 年前后，复活节岛上郁郁葱葱，种类繁多的野生动物在此栖息，为当时的岛民提供着丰富的食物供给。到了公元 1200 年，岛民开始雕琢如今举世闻名的巨石头像，并用由木材与绳子制作而成的简易拖车，将这些巨石头像运到几公里外的海边，好将它们安在事先打好的巨型基座上。

岛民之所以伐木，不仅是为了运输巨石头像，也是为了生火、搭建住房和制造独木舟。究竟是怎样的力量才能驱使当时的岛民砍伐了最后一棵树，使整座岛上的人失去了赖以生存的环境呢？据史料记载，这种对生态环境的破坏并非发生于朝夕之间，而是一个“温水煮青蛙”式的渐进过程。复活节岛上的人类文明不是“砰”的一下陡然消失得无影无踪，也不像是突然被压上了最后一根稻草，而是在漫长的破坏过程中迎来了最后一声绝望的嘶吼。等到探险家罗格文踏足复活节岛时，岛上的人口已降至原先的 1/4，更是连鼎盛时期的人口的 1/10 也不及。岛上的生物多样性已被破坏殆尽，岛民的生活也因此变得举步维艰。他们曾有富足而多样的食物来源，甚至还能捕捞海里的

① 1 英尺 ≈0.3 米。——编者注

甲壳类动物与海鲜，如今却落得自相残杀的下场。他们平常“最羞辱人的话”，就是“我的牙缝里还有你妈妈的肉”。[8]

复活节岛可谓是整个地球的缩影。倘若忽略了人类赖以生存的财富，那么复活节岛的历史同样可以在其他社会中再次上演。美国地理学家、博物学家贾雷德·戴蒙德将美国西北部的众多伐木工人称为“用树来成全工作的人”。“社会发展至当今这个时代，并不代表一定不会出现突然崩塌的局面。就现实来看，社会崩塌远非我们想象的那样遥远。如果我们继续这样下去，那么过不了多久，我们就会耗尽世界上的主要鱼类资源、热带雨林、化石燃料及大部分土壤资源。”戴蒙德说，“或许有一天，纽约的摩天大楼只能孤零零地矗立在那里，周围杂草丛生，就像今天的柬埔寨的吴哥窟和危地马拉的玛雅文明遗址蒂卡尔一样。”

准确记录社会财富本身并不能杜绝灾难的发生。近年来，科学界有关全球气候变暖的警示一直络绎不绝，这充分证明碳排放量就是导致气温上升的主要元凶，并可能引发一系列未来可预见的环境变化。然而，除科学界的认可之外，倘若政府缺少行动意愿的话，那么即使科学界汇聚全球相关数据，也不足以让社会发生转变。假使复活节岛的岛民一直记录全岛财富情况，并从中看出自身行为有损环境可持续发展，那么谁又知道他们究竟会不会采取实际的自救行动呢？话说回来，记录财富仍是促成社会改变的起点。没有这个起点，人类这一物种或许终将难逃复活节岛岛民集体自杀的厄运。

****

达斯古普塔用大池塘里的鱼来打比方：“如果鱼群规模不大，那么池塘里的食物足够支持鱼群繁衍。但随着鱼群规模的不断增大，食物供给量却没有跟上，这就会造成食物存量越来越少。”没有人类的干预，鱼群规模将基于既有食物与营养物质供给量而达到一个自然的动态平衡。他说：“后来，一些渔民来到大池塘。他们会捕鱼，自然使鱼群规模逐渐缩小。但他们并不一定破坏了环境，因为剩下的鱼将整体提升产卵率，以保持鱼群规模稳定。也就是说，鱼少了，吃的食物也少了，但鱼会以更快的速度繁衍后代。然而，如果渔民不间断地过度捕捞，那么整个池塘终将迎来枯竭的一天。”渔场要想实现有效管理，就只能允许渔民在一定时期内适量捕捞，因为这能让剩下的鱼群针对环境做出相应调整。

“我们不妨将人类赖以生存的生态圈想象成一个处于稳态的渔场。那么，随着人口增多，我们对生态圈资源的消耗量变大，进而改变了生态圈资源的状态。我们不禁会问，我们实际消耗了多少生物质，而生态圈又生成了多少生物质供我们消耗呢？资源的供给与需求之比，才是真正应该记录的东西。”达斯古普塔继续说道。

衡量自然财富的方法有很多，但这些方法却各有各的难处。鉴于目前自然资源的价值未能受到充分重视，甚至有一部分人认为自然资源属于免费资源，这让经济学家不得不站出来为自然资源的价值正名。为什么正视自然资源的价值有助于我们监督自身行为，避免做出某些有害环境的行为呢？对于这个问题，达斯古普塔解释道："假设你是一个企业家，想要开发一种产蜜的新技术，或一款新车型，那么当你在设计方案时，你精打细算的对象到底是昂贵的东西，还是便宜的东西呢？"如今，由于自然资源的价值一直被压低，技术的发展必然以挥霍自然资源为代价。想想吧，空气是免费的，水也不怎么需要花钱，于是我们想当然地以为，使用这些资源不过是天经地义的事。石油的价值同样被贬低，因为我们在为其定价时，没有考虑到燃烧汽油带来的巨大外部性（高碳排放量）。既然石油的价值持续处于低位，人们自然不会费心改善相关技术。换言之，技术创新并不在意自然资源是否得到保护。[9]

正如那些复活节岛岛民的遭遇，灾难可能不知不觉地降临到我们头上。物种灭绝和生物多样性的破坏，正是大自然向我们发出的警告。"我指的不是袋鼠和老虎，而是那些我们平常看不见的物种，比如各种昆虫和鸟类，还有各种靠授粉和分解物质存活的微小物种。种种数据显示，大自然对人类破坏活动的承受力已接近极限，且这种情况已经存续了好些时间。"达斯古普塔认为，"我们不应对人类进步抱持过分乐观的态度，尽管人类进步能让我们活得更久、吃得更好、长得更高，享受着各种商品和服务，还不时旅行，但只要看看碳排放量，我们就会知道，人类是在以未来为代价换取今天的繁荣。我们做出如此短视的行为，究竟图什么呢？要知道，大自然迟早会向我们发起报复。"

第十章

现代版《末日审判书》

在英国国王“征服者”威廉一世的命令下，《末日审判书》（*Domesday Book*）于1086年面世。这本书实为英格兰全部地区及威尔士大部分地区的土地资源的调研结果汇编，旨在分门别类地记录王田及国王封臣的地产情况，以便收取租税。同时，自诺曼人征服英格兰以来，国王通过这本书首次划分国土疆界。与奥利弗·克伦威尔测绘爱尔兰被征服的土地及早期计算GDP的尝试一样，每当有人想要衡量今天被我们称之为“经济”的东西时，这种做法就会一发不可收拾地引发战争。

据中世纪的《盎格鲁–撒克逊编年史》（*Anglo-Saxon Chronicle*）记载，威廉一世下令编撰的《末日审判书》极其详尽地记录着“如何界定英格兰国土在该范围内共有多少土地，哪些人是这些土地的所有者，他们人均拥有多少土地，以及这些土地值多少钱”。这本书展示的是有关英国土地的最终结论，与《圣经》中记载的“审判日”在寓意上颇有相似之处，因此而得名。但从手稿内容来看，《末日审判书》实则是一种对事实的描述的书，或者说它展示的是对土地拥有情况的调研结果。某些章节的记录极其细致，甚至到了记录个人名下土地上养着多少家禽的地步。一头牛或一头猪全被记在书里。[1]

《末日审判书》堪称那个时代的“谷歌地图”。它还是英国人针对整个国家制成的一张资产负债表，其调研结果详细、精确，以至900年后的今天，哪怕我们具备各种调研技巧、计算机软件甚至卫星遥感技术，依然没有哪国的统计局的数据能超越它。如果我们能有一本现代版《末日审判书》，那么它将有效填补当前经济统计领域存在的巨大空白。书中记录着人类的各项有形资产和无形资产，这势必将改变我们思考经济的方式。支持者声称：“这样的资产负债表可不会太好看。”在他看来，现代版《末日审判书》将向我们展示出人类为了保证经济增长，一直在不可持续地消耗资源的现状。然而，漂亮的 GDP 数字虽能粉饰经济情况，但仍然不能改变现实。[2]

****

让我们先来看看自然资本，即通常所说的“大自然”。若我们要为大自然估值，那么大自然究竟值多少钱呢？《圣经》告诉我们，上帝创世只花了 6 天。对于这样一种看似没什么大不了的东西，你觉得它能值多少钱？ 33 万亿美元够吗？

这一数字并非我个人随口说说，而是著名生态经济学家罗伯特·科斯坦萨的研究结论。[3]题为《为地球估价》的论文在1997年的《自然》杂志上发表，虽然文章呈现了划时代的发现，但这一发现引发了诸多争议。一些经济学家对其口诛笔伐，认为为“生态系统服务”（学术界对“大自然”的故弄玄虚的描述）估价的做法简直荒唐至极。就连科斯坦萨的一些环境学界的同行也不认同其研究发现，认为雨林或草地资源价值连城，不可能为其明码标价。王尔德的小说《温夫人的扇子》（*Lady Windermere's Fan*）里的达灵顿勋爵说过一句俏皮话：愤世嫉俗者就是“自认为知道一切价格，实则什么都不懂”的人。或许，与愤世嫉俗者一样，经济学家也适用这句话。

但要是不给某个东西明码标价的话，人们就会认为其没有任何价值。除非政府从经济角度合理考量后决定保护某个滩或某块湿地，否则大自然几乎总得为经济增长让步。经济学教科书从劳动力、资本和既往经验看待这个世界，并通过生产、交换和消费等介质理解世界运行的规律。在大多数情况下，大自然并不受到人们的重视。[4]

我们不妨先别忙着对“为大自然估价”的做法嗤之以鼻。如果真要这么做的话，那么我们到底应从何处着手呢？毕竟，空气、水甚至整个复杂的生态系统几乎不在任何市场上进行交易。雨水是免费的，树木天生向光生长，营养物质则在微生物的默默分解下被循环利用。生态系统如此复杂，又这样巧夺天工地处于动态平衡之中，以至我们经常容易忽略其存在。那么，我们该如何为生态活动定价呢？答案是无法定价。但确实有一些经济学家成功地开发出一些极度粗略的方法，用以计算虚拟商品或服务的“影子价格”。通过找出一些替代性的媒介、询问消费者对这些媒介的支付意愿而确定虚拟商品或服务的价格的方法，是“显示性偏好”；通过直接询问消费者愿意为某虚拟商品或服务付出多少钱的方法，是“陈述性偏好”。前者常用的媒介之一是一种与虚拟商品或服务对等的人造物品，它通过确定该人造物品的价格而估算虚拟商品或服务的价格。曾有人用这种方法算出了纽约州卡兹奇山生态系统的价格。卡兹奇山为纽约州提供天然而纯净的饮用水源，其价格相当于一座 80 亿 ~100 亿美元的人造水处理车间。

科斯坦萨标志性论文中的许多测算是对既往研究的补充，堪称“集 100 多项类似研究之大成”。这篇论文将大自然分为 16 个生物群系，比如海洋、森林、湿地、湖泊与河流等，又将生态系统服务归为 17 类，包括水资源供应、授粉、食物生产、营养物质循环、土壤形成、遗传资源、再生及文化等。接着，它又用一个矩阵估算了各个生物群系对各类生态系统服务分别贡献了多少价值。例如，海洋对“授粉”类生态系统服务没有任何贡献，却对“食物生产”和“文化”类生态系统服务贡献良多。

虽然海洋对美学、艺术、教育、宗教及科研等“文化”类生态系统服务贡献颇多，但其价值多少仍是一个主观问题。此处，科斯坦萨使用的计算媒介是“沿海资产”（相当于“非沿海资产”的溢价）。结果显示，人们愿意为了临海而支付更多钱。科斯坦萨以 76 美元一公顷的单价，推导出全球海洋对生态系统服务的贡献价值（达 2.5 万亿美元）。需要注意的是，这还只是一个粗略的估价。

科斯坦萨的每类测算都用到了市场价格，以此发现人们愿为自然资产付多少钱。但科斯坦萨的论文中没有包含这样一类测算，如生活在卢旺达、乌干达及刚果民主共和国雨林里的1 000多头野生大猩猩值多少钱？一类潜在计算方法是确定人们愿意为了观赏这些大猩猩而支付多少钱，包括前往中非的机票费、住宿费和猩猩观赏费等。在卢旺达，观赏一次野生大猩猩需要花费1 500美元，且机会少之又少。笔者曾有幸在乌干达野生竹林里观赏过这些令人叹为观止且无比温和的动物。它们理应拥有经济学家所称的“存在价值”。存在价值即人们愿意为保护野生大猩猩存续而支付的费用，即便普通人根本无从近距离接触它们。

在计算大自然活动的价值方面，毫无先例可供我们借鉴。事实上，它倒更像是一次刚果丛林的探险。但作为参考，我们可以将科斯坦萨论文中的发现概括如下（见表11–1、表11–2）：

表 11–1　生物群系的贡献价值

生物群系	**贡献价值（亿万美元，以1994年美元折算）**
公海	8.4
沿海地区	12.6
海洋群系合计	**21**
森林	4.7
草地及牧区	0.9
湿地	4.9
湖泊与河流	1.7
农田	0.1
陆地群系合计	**12.3**
总计	**33.3**

表 11–2 生态系统服务的贡献价值

生态系统服务	贡献价值（亿万美元，以 1994 年美元折算）
气体调节	1.3
距离调节	1.8
水资源调度	1.1
水资源供应	1.7
营养物质循环	17.1
废物处理	2.3
食物生产	1.4
文化	3.0
其他	3.6
总计	**33.3**

如果将这种计算方法归类为“在信封背面进行的粗算”，那么这未免是对信封的一种伤害。有人认为这种计算方法是荒唐的。例如，为什么大自然提供的“文化”类生态系统服务价值 3 万亿美元，而“食物生产”类生态系统服务的价值还不到其一半？没有大自然供给的食物，我们怎会有力气享受大自然提供的所谓“文化”类生态系统服务呢？尽管学术界对其大胆的研究结论表示质疑，但科斯坦萨并未就此止步不前。他曾在对某评论家的回应中写道：“我们认为并不存在一种估算生态系统服务价值的正确方法，但可以肯定的是，我们不应该因为这样就不去尝试计算生态系统服务的价值。”[5]

****

2012 年，英国政府内部成立了自然资本委员会，这在全球范围内，也属于创新之举。该委员会将其职责描述为“就森林、河流、矿产及海洋等自然资本，为政府提供相关建议”。到 2020 年，英国政府希望本国统计局能将自然资本纳入英国国民账户的计算范畴之内。自然资本委员会将开发“适宜的指标体系”，以追踪英国环境情况，并与其他国家进行对标。此外，委员会还会将濒危动植物名目编撰成册，并为政府提供未来 25 年的环保建议。

该委员会由 7 名委员组成，主任委员为牛津大学教授、环境审计专家迪特·海尔姆。面对这个纷繁的世界，海尔姆为其领导的委员会定下了铁一般的学术纪律。这项纪律乍听之下似乎过分简单，实则有着复杂的内涵：自然资本的总体水平不得降低。[6]

海尔姆首先给出了“可持续发展”的标准定义：“人类有能力使发展变得可持续，以确保当下的需求得到满足，并不得有损后代的需求。”[7] 接着，他又描述了“代际连锁信”，即上、下两代人签订了一份不成文的合同，将供后代繁衍生息的各种资源传递下去。就自然资本而言，每代人均有义务将自然资本维持于初始水平，此即所谓的“自然资本的总体水平不得降低”。[8]

当然，这并不意味着我们不能动大自然一根毫毛。没有哪个社会敢保证不动用自然资源，就连工业化前的人类社会也不例外。人类必然会与其所在的环境发生互动，人类伐木、耕地、汲取石油等不可再生资源，又改造或破坏可再生资源。人类可能会在一条河上修建水电站，或连续砍伐原始森林，并在此基础上建设如今的英国农村——将土地变为农田或牧场，并在自家土地的周围扎上篱笆。人类甚至还可能将野牛遍布的大草原改造成小麦地。寄希望于一代人将生态系统维持于初始状态，恐怕有违现实。但海尔姆表示，重点在于一代人应当将自然资本的“总和”完好无损地保存下来。

说得容易，但具体该怎么做呢？此外，我们如何知道自己破坏了多少自然资本呢？据说，管理学大师彼得·德鲁克有句名言：凡是衡量不了的东西，我们就无法对其进行管理。这句话简直可以作为本书的副标题。倘若大自然可以由森林变为羊圈，或由河流变为发电厂，那么为了确定我们需要补上多少自然资本，我们就需要某种宏观统计工具，确定人类的这些改造行径究竟为自然资本带来了多少净损失。

从某种层面上说，计算自然资本损失的方法本身就存在缺陷。千万别让经济学家“染指”大自然，否则其“魔爪”将很快伸向我们的湖泊和森林。经济学家会处心积虑地将它们商品化，这无疑会增加这些自然资源枯竭的风险。最后，面对诸如“我们是否应在绿化带上建房，以缓解住房紧缺现状”的问题时，经济学家将无言以对。有些问题关系到伦理道德，无法单靠计算几个数就能解决。理论上说，经济学家有理由认为江豚“值得”灭绝，因为在江豚活动的水域上兴建水电站将使附近成千上万的居民获得家庭供电。然而，这不单单是一个经济学问题，也是一个道德问题。在这个问题上，所罗门王的话语权并不比英国央行前行长默文·金少。但这并不意味着经济学家完全无法参与讨论，至少我们可以听听他们的理由是什么。

为了衡量不可衡量的东西，海尔姆首先将自然资本分为两类：可再生资源和不可再生资源。过去，人们一直将注意力较多地放在不可再生资源上。例如，我们是否达到了“石油巅峰”？没了煤矿或铜矿可供开采，我们该怎么办呢？然而，由于不可再生资源能被市场价衡量，因此比起可再生资源，应对它的方式更加简单。如果政府知道本地储藏的原油还能再用50年，就能因此推导出今天的油价，并决定今天应“使用”多少石油，又该将多少石油留待明天使用。

可再生资源的情况则更加复杂。以野生三文鱼为例[9]，我们不难知道市场上每磅三文鱼的售价，但由于三文鱼的繁殖力极强，因而我们无法对其现在和未来的收入流进行量化。除非我们将三文鱼赶尽杀绝，否则三文鱼天生的无限繁殖力将使其价格基本上趋近于零。比起三文鱼的价格，更重要的是摸清三文鱼在怎样的捕捞水平下才不至于灭绝。换言之，我们得知道当前捕捞多少三文鱼，才不会影响这个地方未来的三文鱼供应。此外，我们还得弄清三文鱼所处生态系统的临界点，超过临界点的生态系统将濒于崩溃。[10]在临界点的计算上，我们应慎之又慎。一旦确定临界点，我们就一定要在不超过该临界点的范围内适度捕捞三文鱼。

监控自然资本总量的方法之一是绘制自然资本负债表，该法尤其适用于那些濒临崩溃的生态系统。根据海尔姆的纪律，政府、企业每对生态系统造成一点儿伤害，都得通过相应的举措加以补偿。例如，某块湿地因被改建为购物商场而遭到破坏，当地政府（或相关企业）就有义务采取补偿措施，如改善土壤质量，或使某片农田回归野地等。如果人们砍了树，就得在其他地方补种树苗；如果经济行为干扰了河流的正常流动，人们就得在别处设法保护一块湿地。

相比之下，由于石油等自然资源不可再生，因此为了弥补对石油的使用，我们要么只能转而建立其他形式的资本（如为后代储蓄），要么只能选择修复可再生资源。

上述内容听上去或许颇为抽象。从某种层面上来说，的确如此。毕竟，尽管科研结果明确警告我们全球气候变暖已经招致种种恶果，但人类仍然无法就节能减排目标达成共识。随便一位非洲农民都会告诉你，从古至今一直沿袭下来的降雨模式突然间让人感觉捉摸不定。[11] 碳排放交易市场旨在为排污行为定价，而这种定价却在大多数情况下只能沦为可怜的摆设。人们对“碳排放税”持极度抗拒的态度，原因通常是这类税收有碍经济增长。倘若连碳排放这类轻量级污染活动，我们都无法衡量其带给自然资本的损失，那么其他更恶劣的环境破坏行为（如砍伐雨林、垃圾成堆等）更是想都别想。可如果无法衡量这些活动对自然资本造成的损失，我们就无从采取相应的补救措施。

无论其现实可行性如何，海尔姆的纪律已成为英国政府制定政策的官方原则之一。只需对比一下英国保守党 2015 年、2017 年的党章，我们便不难发现个中表述上的差异——我们承诺将为后代留下更好的环境。当然，政党做出这类开放式承诺并非难事，毕竟真的等到需要兑现承诺的那天，政治领袖或早已辞世。但也正是因为这个原因，环境经济学家才认为，我们需要可靠的宏观经济统计方法来监督政治家兑现承诺。

尽管海尔姆的研究既涉及为生态系统服务定价，也涉及为人类破坏环境的行为设定临界点，但他所领导的委员会的确开发出了一些针对树林和湿地的估值工具。在该委员会向英国政府呈递的一份报告中，海尔姆的团队得出“英国的自然资本正经历长期缩水”的结论。该委员会还列出众多优先事项，笔者仅从中随机摘出三点供读者参考：

- 在市镇周边地区，新增种植不超过 25 万公顷林地，预计每年可产生超过 5 亿英镑的社会净收益。
- 在高原地区复原约 14 万公顷泥炭地，仅以碳值一项计算的话，未来 40 年内产生的社会净收益将在 5.7 亿英镑以上。
- 在水文适宜地区和主要市镇上游地区打造约 10 万公顷湿地，同时注意避开高度农业化用地。成本与收益比通常在 3∶1 左右，部分情况下甚至可达 9∶1。

挑毛病总是不费吹灰之力的，因此人们总是容易对上述这些建议吹毛求疵。海尔姆所在委员会出具的这份官方报告十分粗略地估算了大自然的价值。它的语言平实，数字仿佛是凭空捏造的。但是否有人想过这样一个问题：为什么大自然价值的衡量单位一定得是货币呢？没有人会以美元或欧元为单位计量重量或高度，反倒是千克和米为我们提供了有意义的信号，并驱使我们展开相应行动。例如，如果医生发现患者的身高体重比超过一定限值，就会建议患者节食。再如，机场跑道的长度必须足够容纳一架 A380 型号的“空客”飞机降落。为了确保飞机安全着陆，我们无须知道机场跑道的造价高达 7 亿美元，也断然不会为了节省一半的钱，而将跑道长度压缩一半。同理，正如有人指出的那样，金钱怎么就能“在道德管束的领域内为所欲为”呢？[12] 自 GDP 诞生以来，我们就不自觉地受制于这种惯性思维，习惯用摆在眼前的货币单位衡量一切。然而，现在是时候挣脱这种思维的桎梏了。

用金钱衡量大自然的价值，的确给人一种违和感。人们可以随心所欲地加印货币，部分国家的央行也的确是这么做的。而衡量大自然价值的初衷是让我们自己明白破坏环境的界限在哪，并避免做出逾矩行为。货币可以被无休止地加印，当“钱不如纸”的一天到来时，碳排放是否也因免费而可以让我们随意为之呢？[13] 或许我们可以摒弃英镑、美元或欧元等货币单位，转而用“毛美”来衡量碳排放量。日本人用毛美计量当地珍珠重量，1 毛美等于 10 分。还有人建议，我们或许可以将“卡特”作为碳排放的计量单位。古印第安土著用“卡特”来表示杀死 1 千克猫的最低致死药物剂量。[14] 我个人比较倾向于将“卡特”作为主要的经济活动衡量单位。这样，我发表的新闻报道的标题就会是《上一季度的经济增量可毒死猫的一根胡须》。

为大自然定价或许不仅没有意义，还可能招致危险。这种做法相当于暗示大自然也是一种可与其他物品进行交易的东西，且大自然之所以有着如此高的价格，完全是因为其能够为人类提供珍贵的服务。有人写道：“环境经济学的悖论在于，我们觉得有义务为大自然定价，好让大自然的损失以资产负债表的形式一目了然地呈现于人们眼前，但在这么做的同时，我们也在无意中为‘大自然的商品化’正名，并默许了人类对大自然这一商品的过度消费。”在最坏的情况下，“生物多样性之间的相互抵消”或许意味着，纵然大自然鬼斧神工、内部环环相扣，人类却可以机械地用其中一环替代另外一环。借用另一位作者的话来说，这就相当于“一个驼着背的、裂开缝的橡木桶”，能够被“一棵种在公路边、有防野兔的篱笆围着的树苗”替换似的。[15] 从始至终，以货币单位衡量大自然价值的做法，只会方便铁石心肠的经济学家占领道德高地，用实用主义理解这个世界的一切。

****

为避免陷入上述窘境，一些经济学家的确采取了有别于传统金钱视角下的方法。全球足迹网络就发明了这样一种方法。这是一家总部位于美国加州的研究机构，其创新精神之盛，甚至到了发明一个新节日的地步：自 2017 年起，每年的 8 月 2 日被其定为“地球超载日”。如果你是美国人，就会知道这个节日介于独立日和感恩节之间。别担心你会错过这个节日，因为你的邻居们并不会庆贺它，而贺曼公司也没有专门为它出品劣质贺卡。地球超载日的设立旨在提醒人类，总有一天，人类会耗尽生态系统中的全部可再生资源。自 2017 年 8 月 2 日起，人类已正式迎来地球资源枯竭的倒计时。

地球超载日的设立旨在强调解决可持续发展问题的紧迫性。全球足迹网络希望以此引起人们对生态足迹与生物承载力之比的重视。

该比例越低，地球容纳人类活动与自我再生的能力就越强。全球足迹网络还试图用货币以外的单位衡量自然活动，主张以一种可行的方法比较人类向地球施加的需求和地球能够为人类提供资源间的差异。尽管许多人认为全球足迹网络自行开发的自然活动衡量方法更像是该机构为增加曝光而搞的噱头，但该机构创始人兼主席马西斯·瓦克纳吉尔坚称，其团队开发的方法有充分的科学依据。

生物承载力指的是地球为人类及其他动物提供食物和资源的能力，比如建房用的木材、灌溉庄稼的水和供狮子美餐的非洲牛羚。此外，生物承载力还包括地球对动物所产生的废物的吸收能力，如来自农场的硝酸盐和来自工业企业的碳污染物。人类对地球的需求总和就构成了所谓的“生态足迹”。根据全球足迹网络的定义，地球资源可分为五大类：农田、牧场、森林、渔场和人造地。农田为人类提供粮食，森林提供建材、木柴和二氧化碳封存。至于沙漠等产出不大的资源类型，则未被纳入考虑范围。[16]衡量各类土地供给资源能力的基本单位是“地球公顷”，1 地球公顷 = 区域面积 × 产出率 × 生产力当量系数。其中，不同国家同类土地的产出率不同，生产力当量系数则代表土地在生产力上的差异大小，如农田的生产力当量系数高于牧场。计算方法虽然粗略，但它能以“地球公顷”这一单位衡量各类土地的资源产出能力。

据全球足迹网络计算，地球上各类产出土地和水源的资源总量约为 120 亿地球公顷。若将全球人口数量算作 70 亿的话，那么人均可获得的地球资源量为 1.72 地球公顷。[17]（1 公顷面积大致相当于一块足球场)。全球足迹网络还称，人类活动范围近期才开始超过地球的资源再生能力范围。1961 年，人类需求仅为 0.7 个生物承载力，远处于地球资源供给的安全范围内。20 世纪 80 年代中期，人类需求激增至警戒水平。到 2008 年，人类需求已高达 1.5 个生物承载力，这显然已不利于全球环境的可持续发展。同年，全球足迹网络称 1.5 个地球才能满足人类的发展需求。但鉴于我们只有一个地球的客观事实，《人口原理》的作者托马斯·马尔萨斯足以因此从墓里爬起来，对世人说:“看吧，我早就告诫过你们了！”

****

财富衡量的不仅是当下，还包括未来，因为今天的财富(我们所有的自然资本、有形资本和制度资本)就是明天的收入来源。相较之下，GDP 作为一项标准经济指标，记录的是过去一年间已被生产出来的东西，因此它在本质上看的只是过去。但未来必然会牵涉到若干重要的概念性问题。

第一，从本质上说，技术进步使资产情况在很大程度上变得不可预知。刚果的钴矿目前供不应求，因为钴既是一种稀缺金属，又是制造电动汽车电池的必备材料。但谁知道明天是否会有一种可以替代钴的更廉价的金属呢？技术进步或许将使我们以更低的成本来生产更多的东西，还可能使我们提炼出原先不可企及的油气资源，页岩气开采技术就是这样一个典型例子。最后，我们或许再也不用开采石油和天然气，转而采用当前尚未充分挖掘、利用的新能源。

第二，一些经济学家认为，衡量自然资本的尝试纯属痴人说梦，它不过是环境学家试图遏制经济增长的工具而已。一位曾与我交谈的经济学家甚至称，衡量自然资本的尝试只是高收入人群向低收入人群委婉表达歉意的方式。可事实是地球的确再也无力承受人类因追求经济增长而产生的贪婪的需求。

“在我看来，这完全是一种出于悲观情绪而实施的政治操作。”当我在电话访谈中提及如何衡量自然资本的话题时[18]，电话那头的经济学家激动得近乎咆哮，“无论从哪种经济理论来看，一块油田的耗竭都会给GDP带来损失，而另一块油田的开辟又将为GDP做贡献。但环境经济学家的眼中只有负面的东西，他们一旦看到一块油田被耗竭，就会妄下判断，称这是自然资本的耗竭。他们从不愿承认，自液压破碎技术面世以来，能够被人类利用的油气资源反而在总量上变多了。”

“我们真该感谢远程视频技术的诞生，它减轻了人们的差旅负担，降低了交通工具的碳排放量。但对某些鼠目寸光的环保人士而言，最好全天下的人都窝在家里织毛衣，这样就不会有任何尾气污染了。”那位经济学家说。我忍不住脑补了一下人们在家里穿针引线的样子，然后继续追问他如何从理论上反驳那些过犹不及的环保人士。那位经济学家回应道：“如果从概念上加以适当纠正，那么我们便不难得出‘GDP正以越来越快的速度保持增长’的结论。事物总是有两面性的，我们既要认识事物的消极面，也要看到其积极面。

如果我们在这方面做好了，我们或许就会从中发现有趣的东西。但某些人现在并不是这么做的，他们只会揪着事物的消极面不放，并因此将事物贬得一文不值。”

对于现在及未来财富情况的加加减减，我们不难理解，对经济学家而言更是驾轻就熟。但关于未来，我们还有一个更具哲学意义的问题：为什么要在乎未来呢？毕竟，每个人都难逃一死，就连整个宇宙都有终了的一天。若将时间跨度拉得足够长，那么我们今天拥有的资产其实没有任何价值可言。[19] 换用通俗一点儿的话来讲，即我们可以爱自己的子孙后代，哪怕他们还有很久才会出生，但我们为无数代的绵延做准备的意义是什么？要知道，即便几千公里外的地方爆发战争和饥荒，人类这种物种也能照常开心地做自己的事。因此，我们真会为了遥远时空中素未谋面的后代着想，并在当下采取相应行动吗？这个问题不仅令经济学家哑口无言，更是一个无解的哲学问题。

****

到目前为止，我们主要讨论的是有关自然资本的话题。但就连世界银行这样权威的经济机构，也曾尝试对全球各国的“综合财富”进行衡量。可见，这种衡量方式不仅针对自然资本，也针对有形资本和制度资本。自 20 世纪 90 年代中期以来，总部位于华盛顿的世界银行就在其内部创立了一个规模极小的专家小组，专门致力于这项工作的开展。关于奉行的指导原则，该小组似乎在其长篇报告中就已开宗明义："我们衡量经济发展的方式，将影响到我们未来如何发展经济。"[20]

该报告发现，当国家变富时，自然资本在国家财富中的比重会随之降低。这是因为国家将开发自然资源（大到贵金属铀，小到随处可见的香蕉）获得的收入转化为其他形式的资本，比如公路、大学和汽车生产车间里的自动装置等。一个国家的政府总是这样想。撒哈拉沙漠以南地区最重要的石油国家尼日利亚，自 20 世纪 90 年代起便开始大力吸引投资，并因此获得了十分丰厚的石油收入。正如世界银行的报告所指出的那样，从经济增长的角度来看，尼日利亚的表现堪称瞩目。但从国家财富的角度来看，尼日利亚实际上是在倒退。其精英阶层不断窃取国家财富或不惜牺牲长远利益，且未能将石油收入有效转化为有形资本或人力资本。我们衡量事物的方式虽然不能直接阻止这种行为，却的确能使这种行为暴露于光天化日之下。倘若媒体刊登了题为《尼日利亚财富大跳水》而非《尼日利亚经济增长势头迅猛》的头版头条，那么这或将迫使尼日利亚政府改变自身行为。

在计算被用作生产资料的有形资本时，世界银行在某些可行的地方采用了各国国家统计局收集的数据。30 多个国家政府向世界银行提供了有关本国资本存量的全面数据，如工厂、公路、下水道系统等资本的数据。尽管这些数据未做公开披露，但它们客观存在。在其他地方，世界银行又采用了 150 个国家的数据。这些数据由荷兰格罗宁根大学的研究小组负责采集。[21]

****

回到自然资本的计算上来，世界银行采用的是一种比科斯坦萨的方法更为实际的方法。他们并不试图计算整个生态系统的价值，而是将计算范围限定于农田、林地，以及石油、煤、铝土和黄金等地下矿产资源。世界银行从商业角度非常宽泛地计算了农田的价值，例如，它计算并确认多少钱能买下澳洲的一座小麦农场或西班牙的一座橘子园。在地下矿产资源方面，它将计算范围限定于 4 类能源和 10 种主要矿物，因为这些类别的地下矿产资源已有完备的市场价格与存量数据。[22] 林地的价值评估标准并非其壮美程度或碳吸收量，而是其所有树木被砍伐后能以木材在市场上卖得多少钱。[23]

大自然提供的各类服务（如蜜蜂等昆虫的授粉行为）被计入土地成本。但因缺少确切数据，钻石、铀、锂等重要矿物资源和鱼类等海洋资源未被纳入计算范围。此外，无论在中国还是埃塞俄比亚，尽管水力是相当重要的供电来源，但世界银行仍未将水资源视为一种能源。美国黄石国家公园、坦桑尼亚塞伦盖蒂国家公园等自然保护区的价值并不能以自然景色或生物多样性而得到衡量，是以占用的农田可被卖出多少钱而得到衡量。由此可见，世界银行估算的其实是大自然的真正“价值”。

世界银行财富报告有一处颇为有趣的地方：它赋予了受教育的

劳动力和正常运转的制度等“无形资本”极高的价值。例如，报告发现，自然资本对高收入国家财富的贡献比仅为2%，但无形资本的这一比例竟高达81%，剩下的17%是被用作生产资料的有形资本的贡献比。[24]

我们不禁会问，究竟应该怎样计算无形资本呢？遗憾的是，它不能被计算。经济学将无形资本称为一种“剩余”，即我们平常所说的误差项。看着其高达81%的贡献比，一般人很难不审视计算无形资本的方法是否有误。简而言之，世界银行在计算无形资本的价值时，采用的是倒推法，即为了产生一定量的收入，国家必须具备多少资本。鉴于自然资本与有形资本的范畴均相当明确，因此剩下的81%想必是制度资本的贡献比。这倒有点儿像科学家对暗物质所做的种种假设。

我们曾在前面举过两个岛的例子。其中一座岛上的人相互信赖（并因此发生交易），另一座岛上的人则没有信赖关系可言（并因此不发生交易）。从这个例子来看，对制度建设投入大量资金并非无病呻吟。但世界银行报告未免将无形资本对国家财富的贡献比评估得太高。表11–3展示的是世界银行报告中的相应数据，包括各类资本对不同收入水平国家财富的贡献比[25]：

我们从表中不难发现几点问题。其一，正如前文提及的那样，自然资本对高收入国家财富的贡献比仅为2%，而在很大程度上连本地工业也没有的低收入国家中，这一比例竟然高达30%。也就是说，在674万亿美元的全球财富总值中，仅5%的财富来源于自然资本，而 77% 的财富来源于由人力、制度及社会资本等构成的无形资本。

表 11–3　各类资本对不同收入水平国家财富的贡献比

按收入水平划分的国家类型	财富总值（万亿美元）	无形资本贡献比（%）	有形资本贡献比（%）	自然资本贡献比（%）
低收入国家	3.6	57	13	30
中低收入国家	58	51	24	25
中等收入国家	47	69	16	15
高收入国家	552	81	17	2
全球整体	674	77	18	5

其二，表 11–3 为各类资本赋予了相同权重。因此，从理论上说，对任何一类国家而言，自然资本在向其他形式的资本转化时，不存在任何效能或效率上的损失，比如将油气资源转化为公路，或将学校、小麦和三文鱼转化为高等学府与秩序井然的法庭等，而这些也正是世界银行建议发展中国家在向发达国家转型时应采取的行动。然而，倘若各个发展中国家真的采纳这一建议，那么大自然将遭受灭顶之灾。发展中国家争先发展经济，最终导致自然资本的丧失殆尽。即使某发展中国家放任污染不管，致使国内的动植物灭绝，其行为后果也不会在表中有任何体现。世界银行假设各种形式的资本之间可以实现无缝转换，但就连世界银行自己也承认该假设存在一定局限。无论如何，世界银行的财富贡献表未能突出发展中国家在转化自然资本的过程中可能发生的“不可逆环境灾难事件”。这种方法论存在明显漏洞，背离了世界银行主张可持续发展的初衷。

其三，世界银行在计算自然资本时，以物料、农田等商品市场价为基础，完全不同于科斯坦萨那篇发表于《自然》杂志的论文所采用的方法。科斯坦萨在衡量整个生态系统的价值时，依据的是各类土地为人类提供的物质和精神益处。相较之下，世界银行坚持用石油、黄金、奶牛和土豆等商品的市场价衡量自然资本，却发现自然资本对高达 674 万亿美元的全球财富仅有 5% 的贡献。从计算结果上看，世界银行与科斯坦萨得出的自然资本的价值分别为 33.7 万亿美元和 33.3 万亿美元。虽然这纯属巧合，但鉴于两者采用的计算方法如此大相径庭，我们不得不承认这种巧合实在有点儿让人毛骨悚然。

****

显然，财富计算工作任重道远，许多概念和意识形态的问题有待解决。此外，经济学家在这方面并没有什么话语权。事实上，他们已过多地干涉政府决策，并不停地向人们灌输“一切以经济发展为准绳”的观念。倘若当今时代标榜的是“夺回控制权”，那么我们必须有所行动，改变经济学家在公共政策制定上“一家独大”的局面。但我们可以从下文的挪威的例子中看到，有时理论是一回事，而实际处理问题又是另一回事。

克努特·奥勒·维肯在挪威从事数树的工作[26]，而且他做这个工作做了近 30 年。他从小随父出入北极圈附近的偏远林地，如今又替挪威生物经济研究所对本国的森林资源进行长期评估。维肯与其他林业专家组成了一个小组，每 5 年就要寻访挪威的 1.5 万个地点，去测评各处的森林面积。挪威 40% 的领土面积为林地，就连其北部极寒地区也不例外。[27] 一个 5 年周期的结束预示着下一个 5 年周期的伊始，维肯的工作就这样周而复始、永不停歇。

挪威的林地盘点工作大约始于近一个世纪前的 1919 年。挪威政府之所以下此决心，源于国家解决滥砍滥伐问题迫在眉睫。此前，挪威原本极其丰富的森林资源受到大面积破坏，许多古木被砍伐、并被运送至欧洲其他国家出售。“当地农民用木柴生火取暖，家禽的随意啃食更是让森林难以自我再生。”维肯在接受 BBC 采访时表示，“但当时的挪威并未开展任何植树造林项目。”

在全球范围内，挪威政府率先尝试盘点本国留存的全部林地资源。其他欧洲国家此前虽然也有过一些尝试，但在挪威政府的决心面前，这些尝试完全是小打小闹。挪威国家森林盘点项目是一个重要的转折点。正是它的推行，使政府得以彻底摸清国家损失了多少森林资源，又有多少森林资源仍旧维持着良好的生物多样性。在此基础之上，政府才能合理决策哪些地区可被适度砍伐，而哪些地区的林地需要被保护，让野生动物栖息地和某些古木林免遭人为侵害。

100 年后的今天，挪威的林地面积已扩展到之前的三倍左右。确切地说，挪威目前共有 8.23 亿立方米森林面积，其中每年被砍伐的森林面积为 0.8 亿 ~1 亿立方米。由于森林的生长速度是砍伐速度的两倍，因此挪威的林地面积存量保持着持续增长。如今，挪威的森林足以吸收本国近60%的温室气体。当然，挪威的治林工作也并不是十全十美的：仅4%的挪威森林为原始森林，其余大部分森林都是人为种植的商业林。早在19世纪，挪威的原始森林就已被大规模破坏，生物多样性急剧减少。尽管如此，挪威盘点本国森林资源存量的举动在世界范围内仍属创新之举。而挪威之所以能有全球领先的自然资源保护效率，正是得益于其政府别具一格的思维方式。

1969年圣诞节的前两天，美国菲利浦石油公司告知挪威政府，其在挪威北海大陆架勘探到大片油田。正是这一重大发现，使挪威在接下来的数十年间跃升为全球最大产油国之一。头20年中，挪威政府仅将其日益增长的石油收入再投资于石油工业本身及其他重点发展领域。但到了20世纪90年代初期，眼见本国石油收入以出人意料的速度飙升，且该趋势还将维持几十年，挪威政府才开始为未来打算。在此背景下，"挪威石油基金"应运而生，旨在为挪威的下一代人提供储蓄。

1996年，第一笔石油收入转入该基金。仅20年后，挪威石油基金就成了全球同类基金中的集大成者，基金规模高达8 750亿美元[28]，并自诩"人民的储蓄"。其投资对象分三类——股票、债券和不动产，且投资皆在挪威境外。如今，挪威石油基金入股8 000多家跨国企业，其中不乏苹果、雀巢等知名企业，其控股量之和约占全球股市的1%。挪威石油基金还持有数百亿各国国债，并购置了大量房产，其中一些房产甚至位于伦敦摄政街或纽约第五大道和时代广场。用达斯古普塔的话来说，挪威将一种形式的资本（本国石油资源）转化为另一种形式的资本（为下一代储蓄的资金）。

做到这一切似乎易如反掌，但挪威的成功其实是一个例外。许多国家，尤其是制度有待完善的发展中国家，都沦为了所谓“资源诅咒”的牺牲品。这些国家的政府非但没有将本国的资源收入投资于未来，反而急于将钱挥霍殆尽。本该被利用好的千载难逢的长远发展机会，却让鼠目寸光的当权者及其附庸用来在当下“寻租”。

这种情况并非发展中国家的“专利”。在制度发达的英国，其政府也因滥用石油收入而饱受诟病。与挪威一样，英国也因其巨大的北海石油储量而获益良多。但不同于挪威政府的是，英国政府对石油收入的处理方式就是挥霍。从 20 世纪 70 年代至今，英国境内的石油公司向国库纳税约 3 300 亿英镑。当代英国人因此缴纳更低的税，享受更高的消费，并有更多闲钱开展投资，却唯独没有为后代从长计议的打算。“英国石油基金”并不存在。事实上，英国石油储量自 2010 年前后开始缩减，英国石油工业显然会有油尽灯枯的一天。近年来，英国政府非但无法从一些石油公司获得税收，反而还得资助这些因为油田耗竭而入不敷出的石油公司。

如果将石油比作大自然金库中的存款，那么北海地区的这部分存款恐怕就要被人类提完了。

第十一章

幸福的议员

经济学家常用“支付意愿”确定某物的价值，即一个人愿意为某个有形物品（如塑料糖果盒）或抽象事物（如海湾污染治理或更多的带薪假期）付多少钱。例如，1832 年逝世的伟大英国哲学家、社会批评家杰里米·边沁的项上人头值多少钱呢？本书充斥着对经济学“唯价值论”的质疑，并探讨了人类真正应该衡量的东西（如污染行为、家务劳动和自然资源）及其衡量难度。我刚才提出的简单问题的答案：杰里米·边沁的项上人头值 10 英镑。[1]

为什么？我们不妨回顾一下历史。早在 1975 年，伦敦大学学院愿以 10 英镑的价格从学生们手中赎回本校教授边沁的人头。这笔交易后来成交了。从经济学角度来看，伦敦大学学院的议价能力简直让人不敢想象。

伦敦大学学院最终赎回了边沁的人头，这则逸事被一种神秘色彩笼罩。晚年的边沁将大部分精力投入写作，其写作主题是人类因为什么而幸福。某天，边沁突发奇想，认为自己死后的躯体应当被永远保存下来。他深深着迷于这一想法，以至在他人生最后的10年间，他一直随身携带一对玻璃眼球，以防自己突遭不测时，入殓师能随时随地将这对玻璃眼球嵌进他的尸体的眼眶里。边沁在遗嘱中请求人们将他的尸体制成木乃伊，并给木乃伊穿上黑色西装，再让木乃伊坐在一樽玻璃棺材里示人。他将此命名为“自体圣像”。鉴于边沁晚年致力于研究人类幸福的驱动因素，因此我想这位哲学家之所以会有这样的遗愿，唯一合理的解释便是他找到了幸福的根源：爱怎么来，就怎么来。

时至今日，边沁的遗体仍被保存于伦敦大学学院主楼的南部回廊处，就像他遗愿所请求的那样，他的遗体被陈列在一樽玻璃棺材中。此外，校方还遵照他的遗嘱，不时将他的遗体从玻璃棺材中取出，以列席某些重要的学校会议。例如，在2013年校长欢送会上，边沁的遗体就在旁边坐着。[2]从当时的会议纪要来看，边沁遗体拥有“列席但不参与投票”的权利。遗憾的是，边沁遗体的头部并非原装。在他84岁去世那年，入殓工作受到人为破坏，其头部被人用蜡像调包。原始的头部被保存在一个木柜中，于1975年被淘气的学生偷走，这个学生企图以此作为慈善筹款的拍卖品。如今，出于安全考虑，边沁的头部被单独保存于别处。

本章内容其实与边沁的头部值多少钱并无太大关联，而更多的是探讨他头脑中的想法。他是幸福的还是悲伤的？我们该如何解读他的关于人类幸福的观点？说得更直白一些，人类的幸福真的可以被衡量吗？如果是的话，那么衡量人类的幸福究竟又有何意义？

经济学领域中原本也有不少关于人类幸福的讨论，却不料半路杀出了不丹这么一个小小的山地国家的幸福理论。不丹政府提倡所谓的“国民幸福总值”，其知名度之高，以至我们现在一提起幸福的衡量方式，就会不由自主地想到“啊？就像不丹那样吗？”。本章稍后再讨论不丹的“国民幸福总值”，这里我们有必要先来看看欧美地区的高等学府究竟有过哪些衡量人类幸福的尝试。

自 1974 年宾夕法尼亚大学经济学教授理查德·伊斯特林发表《经济增长使人类幸福许多吗？》以来，来自心理学、神经科学、经济学和社会学领域的研究者相继投身于破解人类幸福这一谜题的研究中。伊斯特林在其文章中率先抛出了经济收入与人类幸福的关联问题，继而引发了学术界关于这一问题的争相研究。伊斯特林认为，当收入达到某一水平时，更高的收入并不会使人更幸福。该结论颠覆了人们素来认为“收入越高，人越幸福”的观念，而这一观念也正是各国政府制定其经济政策的总体依据。

此后，经济学界有关人类幸福的研究可谓百花齐放。经济学家们研究幸福的定义与衡量方式，以及人类因为什么而幸福，政府需要制定哪些相应的政策。据统计，有关该话题的学术论文已超过 1 万篇，西方国家政府也开始通过定期调研了解民众的幸福水平。简而言之，研究幸福已成了经济学和政治学领域的一项重大任务。但论及研究幸福的鼻祖，恐怕没有哪位学者会忽略边沁。

边沁于1748年出生在伦敦的杭兹迪奇教区。他生于一个富裕的律师家庭，从小就显得出类拔萃。据称，边沁3岁时就开始学习拉丁文语法，12岁时进入牛津大学学习，18岁硕士毕业后放弃了法律从业机会，转而投身于写作与社会变革的事业之中。

在别人眼中，边沁是一个怪人，想必读者从前文提及的“木乃伊”逸事中已可略窥一二。边沁曾致信英国内政部，建议英国内政部在其内部建立一张“对话网”，以促进其下属各部委之间的沟通交流。从这一点来看，边沁才是真正的“互联网之父”。他还草拟了“圆形监狱”的设计方案，旨在让一名狱警可以同时监视所有牢房的情况。边沁是一位社会改革家，在性别平等及政府惩罚方面，均著有文笔犀利的散文。他秉持的“基本公理”哲学主张“判断对错的标准即是否能使多数人获得最大程度的幸福”。

早在200年前的那个时代，边沁的理论听上去显得过于激进。但在经济史上，至少从我了解的经济史来看，边沁的理论可谓亦正亦邪。他创立的“功利主义哲学”主张“如果行动有助于提升人们总体的幸福水平，那么它就是对的”。边沁说：“大自然将人类置于两种绝对势力的掌控之下，一种是痛苦，另一种是享乐。逃避痛苦、追逐享乐的事，才是我们该做的事。”[3]

边沁的“功利主义”指的不是“有用”，而是“能够产生效益、优势、感官愉悦或幸福的品质”。一言以蔽之，边沁的主张是人类应最大限度地追求幸福，并认为社会的目标应当是使人民而非个人的幸福程度最大化。

边沁的主张后来被约翰·斯图尔特·密尔所承接，并发展成为现代经济学的根基理论之一。如今，经济学被认为是一门近乎机械的学科，主张人人都应理性地追求个人利益最大化。运转良好的市场不仅对其自身有好处，还有益于整个社会的福祉。市场机制已凌驾于道德准则之上，基本经济学原理认为不受干扰的市场的运转效率最高。在这里，边沁的功利主义哲学与亚当·斯密"看不见的手"共同形成了经济学家眼中的世界，即理性人能够在有限的资源条件下做出最优决策。"屠夫、酿酒师和烘焙师之所以为我们提供食物，并非出于善心，"斯密写道，"完全是为了其个人的利益。"

边沁的功利主义哲学认为，个人决策的总和构成了集体决策。"新自由主义"学派沿袭了边沁的思想，认为市场"是一个灵敏的巨型工具，捕捉着无数的个人欲望、看法和价值观，并将这些东西凝聚成物品的价格"。[4] 边沁反对善意、责任、是非等抽象哲学概念，他认为，虽然柏拉图、亚里士多德等哲学家提出的这些概念没有错误，但这些哲学概念却不具备任何现实意义。他甚至认为，与其思考这类"虚构"概念，倒不如在我们所知的真实事物（如痛苦与享乐）中上下求索。

边沁的世界观与狄更斯小说《艰难时世》中的人物托马斯·葛莱恩的世界观可谓如出一辙。小说中的葛莱恩是维多利亚时期的功利主义者在教育领域的代表，是一名仅关注事实与算计的男子，在他的世界里，二加二只等于四……此人口袋里总是装着一把尺子、一架天平和一张乘法表，以便随时准确计算出"人性任何部分"的重量和数量，并确定它在交易中的作用和价值。

以上描述同样适用于边沁，但功利主义有关“效益可被衡量”的主张（本质上即我们通常所说的“价格”）已成了现代经济学奉行的基本原理。边沁的理性决策论认为，倘若每个人都能不受外部干扰、自行做出决策，那么这将使更多人同时获得最优的结果。这便是“经济人”的发端，即“人类永远在盘算和计价，这种自以为是的远见，在某种程度上不过是一种可悲而已。无论面临何种决策，人类总是先追求个人利益”。[5]这套理论使边沁被后人称为“实证政策之父”，他主张政府不要受任何道德或意识形态原则的束缚，而仅靠事实和数据制定政策。时至今日，无论是定量衡量政策效果，还是评估某项政策的成本与收益，政策制定者的做法普遍都有边沁思想的影子。[6]

边沁的重要影响不仅限于政界，还被延伸到了经济领域。大约150年前，自采纳边沁思想的那一刻起，经济学就开始脱离正轨。发展至今，经济学界喜欢用一个数字衡量人类行为的总和。边沁认为幸福就是“趋利避害”，这种狭隘定义使经济学走上了葛莱恩式的算计之路。在这样的世界观里，亚里士多德的广义的幸福理论显得格格不入。亚里士多德认为幸福就是一种“丰盛”，他关注的是美德、友谊和性格的养成。然而，在“大实用主义”的风气下，这种广义的幸福因为无法被衡量而显得虚无缥缈、一无是处。[7]

由此看来，正是边沁的思想开启了人性冷血、功利至上的一面，而以此为基本原则的学科逐渐发展成了如今我们所称的“经济学”。

但更不为人所知的是，边沁的思想还有温和、阳光的一面，这在其著作中其实有所体现。为了探究这个隐秘面，我们得先去伦敦政治经济学院看看。因为在那里，“幸福经济学”的鼻祖正是边沁。

****

彼得·理查德·格伦维尔·莱亚德根本没有一点儿上议院议员该有的样子。他在平淡无奇的学院主楼的大厅里迎接我，满头白发，说起话来轻声细语，没有任何成功人士的架子，完全一派悠然自得的模样。这位82岁高龄的老人目光炯炯，走路很轻，但步伐有些跳跃。自2000年因卓越贡献当选英国上议院议员以来，他浑身上下保持着学院派的不拘一格，坚持穿休闲裤和休闲鞋。其中一个小细节格外引人注目：他的外套翻领上别着一枚圆形徽章，上面印着“为幸福行动”。

40多年来，莱亚德一直走在人类幸福研究的最前沿。他最早是一位专攻社会平等就业的经济学家，后于20世纪70年代开始对“幸福”这一研究话题萌生了兴趣。与此同时，莱亚德还对心理健康、精神折磨等问题抱有浓厚的兴趣。作为边沁思想的坚定拥护者，他相信斤斤计较的计算不能帮助人类最大限度地获得幸福，主张建设一个充满关怀、逐渐进步的社会。他表示，在这样的社会中，更重要的事情是减轻郁郁寡欢者的精神压力，而非为那些已经满足的人带来一点儿额外的幸福。莱亚德认为，只要认真解读边沁的思想，我们就能从中发现一种深刻的人性哲理，指引我们走向既合作、又竞争的良性社会。在他看来，社会的目标应当是尽可能地创造幸福，文明社会的标志就是每个人在享受生活。

我们的午餐是莱亚德自带的三明治。他提着棕色的食品袋，带我走进了他那间小小的办公室。交谈过程中，他不时起身从书架上取下一本书，将书摊在桌面上，向我展示各国人民幸福水平的比较数据，或是一个人在一天不同时段的幸福水平变化。其中一张表给人类最喜欢的几种活动进行打分，结果显示人类最喜欢性活动，最不喜欢上下班通勤。看着这张表，我心想，这结论也太显而易见了，还不如把一半研究经费给我呢。

莱亚德对幸福的定义范围比一般希腊哲学家要窄。他说："亚里士多德说得不太对，倒是边沁的看法相当正确。"与边沁一样，莱亚德也将幸福视为一种能够被衡量的真实事物，并相信任何社会的目标都应该是使多数人的幸福最大化。"如今，不幸福的人尤其多。"他边说边摇头。他对周围人的不幸表示惋惜，比如有人妻离子散，有人卧病在床，有人失业，还有人在盲目追求物质的道路上失去了幸福。

他认为"社会福祉"等同于"对生活满意"，却也明确表示自己的内心总是格外珍惜人类追求"幸福"的本能。然而，政策制定者不大喜欢提及"幸福"这种事，哪怕"幸福"也是他们日常生活中的重要组成部分。"他们平常在做许多决策时，都在不自觉地追求幸福。和谁结婚？找什么工作？孩子上学开心吗？人类生活中的种种问题，最后都能归结为幸福问题。”莱亚德的语气不无沮丧，叹惜自己几十年如一日地说着同样的东西，“但他们似乎并不觉得国家也应该追求幸福。每每提及幸福时，他们就会想‘哦，真可笑，幸福是多么稍纵即逝的东西！’”

后来，莱亚德改变了表述方式：“为了让政策制定者认真对待我的建议，我在方法上做了变通。大多数政策制定者都能很好地理解“对生活满意”之类的概念，因为他们自己经常向民众提出‘你对垃圾处理或医疗服务满意吗？’之类的问题。”在此基础上，莱亚德再向政治家提出“对生活满意”的概念便不至于太突兀。

政治家对生活满意度的关注能为他们的仕途发展带来立竿见影的效果。像比尔·克林顿那样通过打经济牌赢得民心的时代，已经一去不复返。如今，关注人民幸福程度的政治家，才更有可能在下一轮选举中实现连任。伦敦政治经济学院的研究人员比较了自 1973 年以来的“欧洲经济气压表”的调研数据，该数据每年发布两次，每次随机抽取 100 多万人进行调研。受调者会被问及对目前生活的满意程度，并需做出如下选择：(1) 非常满意，(2) 还算满意，(3) 不太满意，(4) 完全不满意。伦敦政治经济学院的研究人员发现，受调者对该问题的答案能相当有效地预测选举结果，并且比包括 GDP 在内的其他经济指标更能反映选民的投票倾向。[8] 针对此前克林顿“唯经济论”的竞选策略，莱亚德不屑一顾：“错了！重点是幸福，而不是经济！”

在幸福这门新兴“科学”中，若干种方法被研究人员创造出来，它们可以衡量所谓的“主观幸福度”。其中一种方法的创造基于日新月异的神经科学研究技术。威斯康星大学的研究者理查德·戴维森开发了几种衡量人类心情水平的方法。他将探测电极与受试者脑部相连，并让受试者观看一段逗趣的小视频。在观看过程中，电极信号显示受试者的左脑变得更活跃，受试者亦表示自己因为观看视频而感到更幸福。当被示以一段恐怖视频时，受试者则会产生完全相反的感受与脑区表现。由此，戴维森推断，左脑是产生幸福感觉的区域。同理，左撇子因左脑更活跃而普遍觉得更加幸福，惯用右手的人则更少笑，并被周围人认为没那么幸福。对莱亚德而言，有关幸福的科研结果证实了他的“幸福真实存在且可被衡量”的基本假设，并表明“脑部活动与心情存在直接关联”。

反观幸福经济学领域的研究，我们不难发现其至今仍在使用与宏观经济统计如出一辙的基础方法：收集调研数据。幸福经济学的研究人员发明了各种评估人类幸福的提问方式，且不同调研关注的幸福类型不同。一类调研关注的是所谓的“心情水平”，因而询问的是受调者此时此刻的内心感受，或他们在昨天几个不同时段分别有怎样的感受。英国统计局就曾在一份调研中设计了这样的问题：“从总体上说，您觉得自己昨天有多幸福？”

关注国计民生问题的经济学家们，则比较喜欢做所谓“生活满意度”的调研。史上最大规模的这类调研覆盖150个国家，受调者被要求定量评估当前的生活质量水平，最低分为0分，最高分为10分，该量表又被称为“坎特里尔阶梯量表”。受调者需要想象自己面前有一架梯子，然后将自己对当前生活的满意度定格在梯子的相应台阶上。《欧洲社会调查问卷》也包含一个类似问题，即“从整体来看，您认为自己此刻有多幸福？”，选项从 0~10 分不等。再如，《世界价值观调查问卷》提出了大同小异的问题，却将量表范围改为 0~3 分，分别匹配“非常幸福”、“比较幸福”、“不太幸福”与“完全不幸福”四个选项。在莱亚德看来，这类调研问题得出的结果才最有参考价值。

幸福经济学领域也取得了一些喜人进展，不同调研得出了大致相同的结论。尽管问题设置和量表范围不同，但提问式方法测出的人类幸福水平基本上是一致的。莱亚德认为，当前衡量幸福的方法已足以为公共政策的制定提供参考。在他那本简单命名为《幸福》（*Happiness*）的著作中，莱亚德直截了当地表达了自己的看法：“政策追求的目标应当是人民幸福。被衡量、分析的事情不应仅限于经济增长情况，还应包含国民幸福水平。”莱亚德还当面对我说：“GDP 不会告诉我们任何我们想知道的关于幸福的事。”

我忍不住问他：“你认为自己是否幸福？”他的工作理应带给他一种目标感，而目标感则是人类对生活满意的关键要素之一。听到这个问题时，莱亚德的眼中闪过一丝光。他给了我一个看似玩笑的回答：“如果对幸福这种事想得太多，人就不幸福了。”看来，要想确定他是否幸福，恐怕也只能给他的脑部连上探测电极来确认了。

****

你或许会纳闷，北欧人到底是吃什么长大的？自2012年首份《全球幸福报告》问世以来，霸占全球最幸福国家头几位的总是北欧国家。[9] 2016年版的报告也不例外，5个北欧国家如数跻身全球十大最幸福国家。想到这些国家每年日光照射的时间很有限，在长达数月的冬季里更是如此，我们实在不能不对其人民的幸福水平啧啧称奇。不仅如此，那里还有像“暗黑北欧”这样自成一派的黑色电影风格，其中又以瑞典戏剧家奥古斯特·斯特林堡无比惨淡的剧本风格为代表。艺术界还有像爱德华·蒙克这样的北欧“表现主义”大师，其艺术作品普遍让人感到心里不适（此人最著名的画作之一《呐喊》，表现的就是一个人在变幻的橘色天空下尖叫到面部扭曲）。更别提部分北欧国家有着全世界最高的税率。可就是在这种看似与幸福风马牛不相及的环境下，北欧人成了全球最幸福的一群人。进入全球十大最幸福国家之列的还有荷兰、瑞士和加拿大。同样上榜的还有澳大利亚和新西兰，这两个国家也是典型的北欧“对跖点国家”①。

表12–1展示的是坎特里尔阶梯量表测出的全球最幸福和最不幸福的国家。分数越高，该国人民的幸福水平就越高。[10] 不难看出，最幸福与最不幸福的几个国家之间存在巨大的分值差异。最不幸福的国家多为撒哈拉沙漠以南的非洲国家，同样的结果在针对这些国家的调研

① 对跖点是一个地理学专用名词，是指地球的相对极，即穿过地心后抵达的另一端。从地理方位上看，澳大利亚和新西兰正好是北欧国家的“对跖点”。——译者注

中也有相应体现。最幸福的国家为丹麦，最不幸福的国家是布隆迪。

表 12–1　2016 年全球最幸福和最不幸福的国家

全球最幸福的 10 个国家（得分）	全球最不幸福的 10 个国家（得分）
1. 丹麦（7.526）	148. 马达加斯加（3.695）
2. 瑞士（7.509）	149. 坦桑尼亚（3.666）
3. 冰岛（7.501）	150. 利比里亚（3.622）
4. 挪威（7.498）	151. 几内亚（3.607）
5. 芬兰（7.413）	152. 卢旺达（3.515）
6. 加拿大（7.404）	153. 贝宁（3.484）
7. 荷兰（7.339）	154. 阿富汗（3.360）
8. 新西兰（7.344）	155. 多哥（3.03）
9. 澳大利亚（7.313）	156. 叙利亚（3.069）
10. 瑞典（7.291）	157. 布隆迪（2.905）

幸福的国家清一色是发达国家，而不幸福的国家则全是落后国家。更高的国民收入的确让人幸福，至少在达到一定水平前是如此。该研究结果进一步证明，幸福是真实存在且可被衡量的。假如幸福纯粹与一个人的心情或个性有关，那么全世界人民理应能够适应任何生存环境，并拥有大致相当的幸福水平。然而，研究结果展现的事实并非如此。在生存环境相对恶劣的国家中，人民的幸福水平也比较有限。

不过，不同国家在人民幸福水平上的差异并不能仅用国民收入这一因素来解释。事实上，在人均 GDP 位居全球前十的国家中，仅挪威和瑞士有幸跻身全球最幸福的 10 个国家之列。[11] 剩余的 8 个富裕国家，比如卢森堡、卡塔尔和新加坡，其人民并非十分幸福。一定程度的物质享受固然能够使人幸福，但也有充分的证据显示，影响幸福的因素不只是收入。哥斯达黎加是全球最幸福的国家之一（位居全球第 14 位），其人均 GDP 却只有 15 000 美元（位居全球第 77 位）。[12]

其他三个中等收入的拉美国家——巴西、墨西哥与智利，其幸福水平分别位居全球第 17、21、24 位，均高于比其富裕的国家。从结果来看，虽然拉美国家人民的收入一般，但他们更擅长享受人生。英国的幸福水平位居全球第 23 位，与智利基本持平，但其人均收入几乎是智利的两倍。法国、意大利的表现不佳，其幸福水平分别位居全球第 32、50 位。意大利人尤其明显，虽然他们身处优质的生活环境，却不如阿尔及利亚、危地马拉和泰国人民幸福，他们的生活实在与那部名为《甜蜜的生活》（*la dolce vita*）的著名电影不符。

美国是全球第 13 大幸福国家，该排名大致与其人均收入水平相匹配，却也可能低于不少美国人的预期。毕竟，《独立宣言》的开篇就赋予了全体美国公民“追求幸福”的权利。以色列人的幸福水平高得出人意料，以色列第 11 名的排名实在与永无休止的巴以冲突不符。相较之下，巴勒斯坦人的幸福水平排名倒是在意料之中，位列第 108 位。经济突飞猛进的中国，在全球幸福排名中仅位列第 83 位。

全球最不幸福的 10 个国家包括叙利亚和阿富汗，两者均常年饱受内战困扰。其他幸福水平排在倒数几位的国家全在撒哈拉以南的非洲地区，其中又以卢旺达最为突出。在其铁腕总统保罗·卡加梅的领导下，如今的卢旺达正努力脱贫，并因此成了全球各国援助机构的宠儿。然而，卢旺达的政治氛围依旧独断专行，1994 年的大屠杀惨案给人民带来的伤痛至今阴魂不散。当时，仅仅 100 天内，就有几百万卢旺达人死于非命。这么看来，尽管现在的卢旺达努力发展经济，但其人民依旧不幸福也是可以理解的。

据《全球幸福报告》的撰写团队称，共有六大因素决定着 3/4 的国家幸福水平差异，具体包括：收入（以人均 GDP 衡量）、人均期望寿命中的健康年数、彼此依靠的环境、对他人的信任（大致等同于腐败水平低）、自由选择生活的权利（有时又被称为“自主行动权”）及慷慨（向慈善机构捐赠的能力）。

****

莱亚德的研究工作并不那么关注不同国家间的幸福水平比较，而更看重一个国家的幸福水平受哪些因素影响。通过对 1981 年后的《世界价值观调查问卷》的数据进行分析，他挑出了七大影响人民幸福水平的主要因素[13]，包括：家庭关系、财务情况、工作、朋友、健康、个人自由和个人价值观。他将这些因素列在表中，展现了各类事件对整体幸福水平的负面影响。其中，10 分为最低分，100 分为最高分（表示最幸福的状态）。[14]

我们可以从表 12–2 中看出端倪。拥有配偶使人感到幸福，但结了婚更好。夫妻离婚导致双方幸福水平骤降，而一旦离婚并分居一段时间后，幸福水平又有所回升。近几十年来，家庭破裂的情况变得愈加普遍。早在 1950 年时，离婚在美国还不常发生。但如今，仅一半的 15 岁美国青少年与其生父住在一起。父母离婚被认为是导致美国青少年自杀的最大诱因。[15]

表 12–2　各类事件对整体幸福水平的负面影响

事件	幸福指数降幅分数
家庭收入减少 1/3	2
离婚（就结婚而言）	5
分居（就结婚而言）	8
丧偶（就结婚而言）	4
终身未婚	4.5
同居（就结婚而言）	2
失业	6
工作动荡	3
国家整体失业率上升 10%	3
健康水平下降 20%	6
无宗教信仰	3.5

失业给人带来双重打击，不仅影响收入，还伤害人的自尊心，使人丧失生活的方向感。此外，即使失业的人是别人，失业也能对我们自己产生消极的影响，这或许是因为整体就业的不景气使人人自危、社会不和谐。家庭收入减少 1/3 对幸福水平有削减作用（减

2 分)，但其降幅不如其他若干因素大，如家庭成员情感破裂（减 8 分)。宗教信仰也是幸福的源泉之一，而且美国在此方面的表现比欧洲更明显。否认“信仰是我生活中的重要组成部分”的人，其幸福水平比认可这一点的人要低 3.5 分。

最后，健康很重要。人们的确能够与健康问题共处，但在莱亚德看来，慢性疼痛和心理疾病均是幸福的头号敌人，且它们在很大程度上可以被预防。他提倡认知疗法，认为这种方法比弗洛伊德的一味从童年经历找答案的方法更能产生良好的自我疗愈效果。在某些情况下，莱亚德还不排斥人们使用“百忧解”之类的抗抑郁药，并呼吁研究者大力开发治疗效果更好、副作用更少的药。研制抗精神病类药物的支持者并非只有莱亚德。在《星球大战》系列电影中饰演莱娅公主的女演员凯丽·费雪也公开支持心理疾病患者服用药物。在她与世长辞后，她的骨灰被安放在一只形似“百忧解”药丸的骨灰盒里。[16]

莱亚德认为，有关幸福的调研结果充分证明，政府在制定政策时，应将政策目标定为“使人民尽可能幸福”，而非“使经济增长尽可能快速”。“我们知道，影响幸福水平的重要因素莫过于心理健康、家庭关系质量、工作环境和社区环境。”莱亚德说，“我们应当努力让更多父母学习成为好的父母，学习如何避免不必要的离婚，学习应对孩子在行为上可能出现的一系列问题。这些事务应当得到政府的优先拨款支持。相较之下，让人们以更快的速度从伦敦到利物浦则显得没那么重要。人们才不会因为能够更快地从伦敦到利物浦而感到幸福呢！”[17]

在和我对话的过程中，基于“幸福与收入同等重要”的信念，莱亚德还提出了其他几项有趣甚至惊人的建议。[18]其中的一些想法相当老套，因为它们比较不看重个人主义，反而强调集体主义，如在学校开设伦理学课程等。莱亚德知道，即便是在电视机还没出现、社会氛围更温和的年代，人们也会认为他是一个食古不化的人。他的想法不仅老套，还违背直觉。他经常为某些公共政策摇旗呐喊，唯恐人们因为不良政策的施行而陷入自我毁灭的境地。有时，他只要扪心自问是否幸福，一些政策是否得当便自然有了答案。

在他看来，人类有一项可被克服的怪癖，那就是对社会地位的追求。研究结果显示，对社会地位的追求甚至从我们出生那一刻起就存在着。拥有社会地位让我们感到幸福，可问题是，人们在社会里的地位必然有上有下。也就是说，如果我成功上位，那么你的地位就在我之下。如果你升了职，我就一定被你从原先的位置上挤了下来。莱亚德打了个比方，如果人们站在座位上看球，那么只要有一个人站在自己的座位上，在其后面的人就得跟着站起来。很快，体育馆内的所有人都会站起来，结果导致人们的视野和一开始都坐着时并无任何差别，而且大家现在还不得不忍受站着看球的不便。这种“零和博弈”不利于实现社会幸福的最大化，因而也为边沁所不耻。若政府对人人争名逐利的社会问题不加管束，那么我们所有人都将沦为社会地位的奴隶，而我们的幸福感也将因此被蚕食。

但你可能会问，公共政策如何解决像人类欲望这种非常隐秘的问题呢？对此，莱亚德认为这正是税收政策派上用场的时候。人们追求社会地位的方法之一便是“谋求更高的工资”。有关幸福的研究结果表明，对那些起始工资较低的人而言，加薪能使他们感到更幸福；而对那些原本已经有钱的人而言，加薪带给他们的额外幸福感微乎其微。对此，莱亚德主张对高收入者征收更重的税，这不仅有助于实现常规的收入再分配，还能弱化人们追求更高收入的动机。在莱亚德看来，收入没有最高，只有更高，但人们终会发现，这种追求到头来不过是竹篮打水一场空。人类对更高收入的适应力超乎想象，结果便是收入增加了，我们却并未因此变得更幸福。但在此过程中，我们收入的增加，亦能让周围的人产生心理落差，进而拉低了整体的幸福水平。争名逐利的渴望驱使我们一再加码对工作的投入，却也使我们牺牲了一个已被证实有利于增强幸福感的重要因素：与亲友共处的时光。沉沦于追求社会地位与高收入的行为与吸烟没什么两样。莱亚德说：“对于成瘾性支出，我们通常的做法是对使人成瘾的物品实行高额征税，比如烟草税就是一项重税。对于其他不利于身心健康的支出，我们也应毫不犹豫地征税。”[19]

莱亚德希望政府能对一切拉低人民整体幸福水平的东西采取征税或管制措施，比如烟草或污染。他还赞成瑞典政府的做法，禁止媒体向 12 岁以下人群投放广告，以免在价值观尚未成形的低龄人群中形成消费主义风气。无独有偶，法国政府也颁布了一项“有权断网”的政策，即禁止公司强迫员工在非上班时间回复邮件。该政策背后蕴含的治理哲理，基本上也是为了提升人民幸福水平。

随之而来的问题是，对成瘾性支出征收重税的做法难道不会影响经济增长吗？对此，莱亚德表示不屑一顾。人生的目的在于追求幸福，而非追求抽象的国家经济规模。他支持收入再分配政策，就算这类政策无益于做大经济蛋糕也没关系。一味地做大经济蛋糕，终有一天会让人民整体的幸福水平达到崩溃的临界点。

莱亚德还认为，经济学家低估了环境稳定对人类的重要性。他援引了相关研究结论，证明人们在做决策时，只有当潜在收益大致是潜在损失的两倍时，人们才愿意承担这项决策带来的风险。假设有一种掷硬币的赌博游戏，硬币背面朝上的话，人们会输 100 英镑，但硬币正面朝上的话，人们可赢得一笔钱。那么这笔钱大概是多少才能让人们忽略潜在损失呢？人们给出的答案通常是 200 英镑。尽管经济学家或许会将此归结为人类的非理性风险规避习惯，但莱亚德坚信人类厌恶损失和突如其来的改变。因此，政府在制定政策时，必须考虑这些因素。

“公共政策的目标不应是让社会发生变化，而应是为人民谋幸福。”他说。公共领域持续改革的本意是提高生产效率，却不料带来了更多不幸。经济学家过度沉迷于所谓的旨在提高劳动力效率的政策，这些政策促进劳动人口流动，却无视与社会环境动荡伴生的隐性成本、人际疏离与更高的犯罪率问题。莱亚德说：“要想预测某地区的犯罪率是高是低，只需看一个人在 15 分钟的步行距离内，会遇到多少个朋友”。[20] 社会要素的流动（如人口迁徙）能够带来隐性成本。为降低这类成本，政府要么选择征税，要么制定鼓励人们在本地就业的政策。

尽管幸福经济学倾向于制定收入再分配或社会主义政策，但它也可能朝着难以预测的方向发展。由于健康（尤其是心理健康）对人们获得幸福感具有至关重要的作用，因此莱亚德认为，政府工作的首要事项是保障人民的身心健康，而非脱贫致富。相关研究表明，政府通过投资更好的心理健康服务来增加幸福的成本，是通过缓解经济压力来产生同样的效果的成本的1/16。他说："'心理健康是比脱贫致富更重要的头等大事'的说法，或许会激怒很多人。但事实如此赤裸裸地摆在我们眼前，使我们不得不承认。"

莱亚德所描述的多项政策带有某些共性：更高的税收、对社会信任的强调和不怕被干预的政府。你或许会认为这样的政府与事无巨细的保姆没什么差别，也可以说这样的政府像极了"斯堪的纳维亚"式的北欧政府，但莱亚德对这两种批判均无感。他说，其实北欧国家的政府在促进更健康、更有助于提升幸福感的价值观上比别国政府做得更好。它们基于人民追求的共同目标制定政策，并鼓励社会成员彼此协作。相较之下，盎格鲁–撒克逊人则以达尔文的"适者生存"论和斯密的"看不见的手"为两大社会根基。

莱亚德还援引了一项研究结论：在瑞典，77%的11~15岁的儿童表示"班里的同学大多是友好且乐于助人的"；在美国，赞成这一说法的同年龄段儿童的比例为53%；英国的情况更糟，这一比例仅为43%。由此看来，英国文化似乎提倡孩子要彼此竞争，而瑞典则更擅长教育孩子们要和谐共处。

****

谁会将幸福拒之门外呢？倘若衡量幸福水平有助于政府制定更好的政策，那么我们理应对此持欢迎态度。哪怕不能完全替代经济增长指标，幸福指数也仍可以作为对经济增长指标的有益补充。但我们不能高兴得太早，因为幸福经济学也存在一些有待商榷的问题。

第一个问题是，目前衡量幸福的量表都是有极限的。常用的调研方法之一是请受调者对自身的幸福水平进行打分，从 0 分的“完全不幸福”，到 3 分的“非常幸福”。然而，收入的衡量方法却是开放式的。在理论上，收入可涨至无限高，因此我们对人均收入进行比较实则没有什么意义。“美国人的生活水平翻了一番，但人民并未觉得更幸福。”莱亚德如此评论 1950 年以后的美国。但目前的量表并不能体现人们幸福水平翻番的概念。

由此推断，幸福可能是有界限的，人们不能随意累加幸福。但这一事实或许又限制了幸福衡量工具对政策制定的参考价值。若采用前述 0~3 分的量表，美国人一般会在幸福水平调研中得到 2.2 分的均值。为了大幅提升该值，几千万美国人得突然从“不太幸福”变得“幸福”或“非常幸福”，而这几乎是天方夜谭。因此，将幸福与包括收入在内的其他任何事物进行关联，都显得牵强。例如，1973—2004 年，剔除通货膨胀因素后，美国政府的支出规模也几乎翻了一番。同期，英国政府支出的增幅也达到 60%。“但研究结果显示，这两个国家人民的幸福水平仅提高了 2 个百分点。”对幸福经济学表示怀疑的作家保罗·奥默罗德在书中写道[21]，“如果我们仅以幸福数据为政策制定依据，那么学校和医院还有什么存在的意义呢？”在他看来，包含有效信息的数据才有收集的意义，否则，40 年都没什么变化的数据看似没有太大的参考价值。他说：“衡量幸福水平是一回事，期望整个社会的幸福水平能够被衡量，并寄望于政策制定以幸福水平为依据，则是另外一回事。”

而莱亚德则认为这类观点未免把问题想得太简单了。我们只需将有关幸福的数据进行分解，就能从中获得更隐秘的发现：更高的收入与政府支出，的确在一定程度上提高了人民的幸福水平，但这种提高已被其他社会问题的负面影响所抵消，比如社会信任危机、人与人之间的恶性竞争加剧，以及有增无减的犯罪率等问题。目前衡量幸福的方法或许并不完美，但我们为了发展经济而彻底摒弃它们的做法，未免只是因为一种畏难且不理性的情绪在作祟。况且，目前的经济衡量方法与完美方法更是相去甚远。莱亚德说：“这就好比因为路灯附近更明亮，我们就选择在这里找钥匙。但我们应该找的是我们想找的东西，无论它在哪里。”[22]

有关幸福经济学的第二个问题是，它很容易就误入社会工程①的歧途。高收入的好处在于，人们可以用自己的钱做任何想做的事。即便政府在制定政策时试图将人民幸福纳入考虑范畴，你也不

① 社会学和政治学概念，是指中央集权试图操纵社会变革、管理社会成员行为的做法，它最终使社会朝着中央集权预期的方向发展。——译者注

必将政府的意图延伸到创造一个“美丽新世界”——政府持续窥探人民脑中的想法，然后为人民提供保持快乐的药，并在此过程中使人民变得驯服。对此，莱亚德认为，尽管阿道司·赫胥黎的同名反乌托邦小说《美丽新世界》旨在将其笔下的当代乌托邦社会塑造得“瘆人且让人反胃”，但这个世界上若真有让人民幸福的药，那么这倒也不是什么坏事。莱亚德表示：“如果有人发明了一种没有副作用的幸福药，那么我肯定我们中的大多数人一定会有用得上它的时候。”

但话说回来，我们真想让政府引导我们进入“内在喜悦”的状态吗？更可怕的是，我们真的希望自身被肉眼看不见的政策操纵得“更幸福”吗？政府有时禁止投放广告，有时对前往其他城市就业的行为征税。即便你不是一个自由意志主义者，也能看出这之中或多或少带有一丝“老大哥在看着你”的色彩。

不只如此，支持幸福研究的人通常是“左倾”经济学家，因而相关研究常常带有一种父权主义且保守的世界观。按照幸福经济学的说法，稳定的婚姻关系和宗教信仰是人民福祉的两大源泉。照此，政府是否应当对离婚行为征税，并为教堂做礼拜的活动提供资助呢？有的文献甚至鼓励人们认命，接受自身的社会地位，因为总是为提升生活水平而奋斗会有损幸福感。这听起来一派十足的家长式教导，打压着人们对人生的追求。正如特朗普所说的那样：“你跟我提幸福？这太可悲了！”

****

我们甚至可以将追求幸福视为一种反现代化、反经济发展的论调。讲到这里，终于轮到弹丸之地不丹上场了。这个国家仅有 80 万人口，这甚至连中国和印度人口的零头还不到。1972 年，十几岁的吉格梅 · 辛格 · 旺楚克出任第四届不丹国王，他使不丹成了世界上首个以“国民幸福总值”(而非“国民生产总值”) 为政策风向标的国家。正是他颁布的相关法令，使许多研究社会发展的经济学家欢欣鼓舞，并从此在各国政府间掀起了重视国民幸福的政治潮流。1729 年内乱结束后，不丹王国便颁布法典，并明文规定：“若政府无法为人民创造幸福，那么这样的政府便无存在的意义。”[23]

国民幸福总值中的幸福有别于大多数西方学者研究的那种幸福。不同于莱亚德的研究对象，国民幸福总值关注的并不是人们主观感受到的幸福。相反，它受佛教教义影响，将幸福“客观”归为九类，这九类幸福构成了“国民幸福总值指数”的测算基础。国民幸福总值中的“幸福”亦不同于边沁主张的幸福，后者认为幸福的感知来自人类对苦乐的感官反应。

2008 年，吉格梅 · 廷里当选不丹第一任首相。他说：“现在我们声明，国民幸福总值中的‘幸福’并非传统意义上的‘转瞬即逝的愉悦感受’。我们知道，真正持久的幸福不可能建立于‘我快乐而他人痛苦’的基础之上，而只能来源于为他人着想、与自然和谐共处、释放我们内在的智慧及活出绚烂的真我。”

不丹政府发布的《国家人权发展报告》这样阐述国家发展目标："不丹旨在建立一个幸福社会，人民安居乐业，政府能让所有人过上体面的生活，并能提供全民医保和教育。不丹没有对环境的污染与恶意扰乱，没有被激化的矛盾甚至战争，也没有社会不平等问题。在每一天，各种文化价值都受到保护与巩固。"

这听上去是不是好得不真实？不丹的国民幸福总值指数构成如下：

1. 心理健康
2. 身体健康
3. 时间利用
4. 教育
5. 文化多样性与复原力
6. 良好治理
7. 社区活力
8. 生态多样性与复原力
9. 生活水平

不丹之所以将上述九类幸福作为国家的优先发展事项，是为了避免像其他贫穷国家一样一头扎进经济发展，却最终没能逃过可悲的命运。经济高速发展固然有其好处，却常常伴生着各种问题，比如出现城市贫民窟、社会疏离、不平等性加剧、乱砍滥伐、河流破坏、空气污染、文化遗产损失甚至个人身份丧失等。国民幸福总值旨在为社会提供一种有别于以往的价值参考体系，希望社会朝着更友好、更温和的方向发展。政府在制定政策时，必须考量其对国民幸福总值的影响大小，比如修建水坝、修缮首都基础设施等。这更像我们当前为这类建设项目所设置的环评要求。

事实上，发展是一个棘手的问题。直至 1999 年，不丹政府才废除了禁止电视进入本国的法律规定。立法通过后，不丹人的生活也成了莱亚德描述的那样——充斥着足球、暴力、出轨、煽动消费的广告和摔跤等玩意儿。不由分说，毫无招架之力的不丹人后来又被卷入了全球互联网的经济浪潮之中！可想而知，随着电视在不丹国内泛滥，家庭破裂、犯罪、吸毒和校园暴力问题也随之涌现。然而，我们不能就此否定不丹与世界接轨的做法。现代经济中纵然充斥着各种诱惑，但生活于其中的人们难免会感到不幸福。即便步入现代经济前的不丹社会存在文盲率高、男权主义和医疗水平低下等问题，我们也常常将当时的社会过度理想化。我们不得不承认，无知有时是一种幸福。但上升至公共政策层面，家长式政权甚至独裁主义自有其真正的危害。

不丹发展经济的举措起效了吗？答案是肯定的。毕竟，不丹经历了一场剧烈程度不逊于中国和印度的经济变革，并因此实现了国力的大幅提升。直到 1953 年前后，不丹仍是一个穷酸小国。1962 年，不丹才有了国内第一条公路。如今的不丹是一个混合式的议会民主制国家，对首相任免采取选举制，同时依照宪法保留了君主制。

快速的经济发展不可避免地伴随着一些常见的负面问题，比如公路、水坝工程破坏了优美的自然环境，以及满足于朴素生活的人民不得不郁郁寡欢地蜗居在城市里，追寻着所谓现代化的生活方式。

"如果有选择的话，那么谁还愿意每天凌晨四点起床，然后挑水去灌溉农田啊？"不丹王室家族成员、上任国王长期亲信顾问帕尔乔·道尔吉曾向记者表示，"人们在接受教育后，都不愿像父辈一样继续过着那种苦日子。"[24]

不丹的经济发展受到政府的严密监控，政府一直致力于为人民提供足够的公路、下水道和学校等基础设施。小小的不丹虽然在人口规模上无法与印度之类的大国比肩（印度城市孟买的人口是不丹首都廷布的人口的20倍），但任何造访印度、印尼甚至菲律宾的游客都会发现，这些国家的城市规划实在不如不丹。人口无限制地涌入城市，可能招致如环境脏乱、污染、拥挤甚至疾病等城市问题。

相较之下，不丹的经济现代化进行得有条不紊，且颇有节制。在不丹开展建设工程，可不是搭建几个锡棚、从附近铁塔接电过来就行的。建设工程必须保留不丹传统建筑的设计风格，比如倾斜的屋顶、夸张的窗户等。政府强烈鼓励人民在公共场合穿着传统服饰。不丹限制游客数量，并为游客设置了最低消费水平，以此确保进入不丹的游客都是有良好经济能力和文化素质的人。有记者这样写道："廷布是一个适合行走的友好城市，其路面不像许多印度城市的路面那样坑坑洼洼。人民性格开朗，即便是商业，也不像其他南亚国家的商业那样带有咄咄逼人的气息。就连本地的流浪狗看上去也非常友善。城市里没有贫民窟。”[25]

不过，不丹绝非人间仙境。它处于中低收入国家之列，人均GDP刚过8 000美元。[26]尽管不丹政府将幸福与教育相关联，但人民的识字率依然有待提升，仅55%的不丹女性能够读写。即使在经济水平更低的孟加拉国，其女性识字率也达到了58%。同时，与不丹经济水平不相上下的菲律宾，其女性的识字率高达97%。[27]此外，尽管不丹政府在《国家人权发展报告》中同样强调了健康对国民获得幸福的重要性，但不丹的医疗条件仍未表现得十分突出，人均期望寿命甚至不及70岁，位居全球第114位。相较之下，走社会主义路线、不那么看重国民幸福的古巴，其人均期望寿命达79岁，位居全球第32位。智利的人均期望寿命高达81岁（位居全球第28位），但该国政府实行独裁主义，国家第一次自由经济改革的工程师竟然是一帮来自美国的“芝加哥小子”①。要知道，无论是古巴前领导人菲德尔·卡斯特罗，还是美国当代经济学家米尔顿·弗里德曼，都未曾因重视国民幸福而闻名。

在保护文化遗产方面，不丹政府的努力广受好评。文化被认为是公民身份的来源，也是抵制现代化的某些负面因素侵蚀的防护墙。在“文化多样性与复原力”领域，国民幸福总值衡量的是人民在多

① 20世纪80年代，智利经济快速腾飞。此次经济奇迹始于“芝加哥小子”主导的自由经济改革，相关经济政策被当时智利的军政府领导人皮诺切特采纳。“芝加哥小子”是指以米尔顿·弗里德曼为首的一群年轻经济学家，他们大多曾在芝加哥大学经济学系就读。——译者注

大程度上流利使用12种方言中的任意一种，人民对13种民间手艺（如锻铁、刺绣等）的掌握程度，以及人民在多大程度上遵循“和谐发展”的方针。不丹人每年要参加6~12种“社会文化类”活动。据统计，2010年，1/3的不丹人在这类活动上的累计参与时长达到整整6天。约15%的不丹人的累计参与时长高达13天及以上，但“这是否算过度参与”的讨论并未出现。

尽管如此，保护文化的想法也掩盖了一些罪恶。并非所有文化都具有同等的吸引力。有的文化教导女性摆正位置，学习手工而非识字。部分非洲地区的文化甚至要求对女性实行“割礼”。不丹文化史也并非毫无瑕疵，它曾在一段时期内主张种族净化。20世纪90年代，不丹政府将成千上万的尼泊尔族人驱逐出境。此举被一些人权组织谴责为“种族清洗”行为。[28]

2015年，91.2%的不丹人表示自己“幸福”，较2010年有了1.8%的增幅。[29]细分数据显示，8.4%的不丹人表示自己“非常幸福”，35%的不丹人自称“相当幸福”，47.9%的不丹人表示自己“比较幸福”，最后仅有不到9%的不丹人表示自己“不幸福”。这些调研结果似乎证明了不丹政府的成功。但对于被衡量的对象究竟是什么的问题，人们的解读存在差异。事实上，不丹衡量的并非其受调者所称的“幸福”，而是官方制定的一连串指标大杂烩。

有趣的是，《2016年全球幸福报告》显示，若以10分作为人民主观幸福感的满分，不丹的得分就为5.196分，位居全球第84位，仅次于中国，同时排在吉尔吉斯斯坦之前。你可以说我是一个愤世嫉俗者，但对像不丹这样以创造幸福为国策的国家而言，5.196 的中等分值实在很难让我产生惊艳之感。《2016 年全球幸福报告》出版时，不丹已成了世界范围内的幸福代言国。但或许不丹的“国民幸福总值”并非其支持者口中的“有效的政治竞选工具”，而只是一种举国上下的自娱自乐的工具而已。

不丹政府以负责任的态度谨慎处理本国发展问题，其良好初衷不存在任何问题。如果任由市场经济摆布和全球化浪潮冲刷，那么渴望脱贫的贫困国家将猛地陷入发展脱节的泥潭。尽管如此，我们仍应正视不丹在衡量幸福上的种种局限。

幸福经济学在富裕国家的话语权或许更强，因为这些国家的发展历程证明，收入的持续积累并不是解决一切社会问题的灵药。在此，我十分赞同莱亚德的看法，我们之所以需要衡量幸福，是为了从中看到人生的某些重要方面，比如追求名利的徒劳、社区的重要性及人类所需的安全感和稳定感等。幸福衡量指标无须被摆在“神圣不可侵犯”的位置上，这能使人们发现制定政策时被忽视的问题，比如抑郁、工作负荷过重等。

但就主观幸福感而言，有一件事是肯定的——北欧人还真有一套。如果你追求的是主观幸福感，那么客观地说，你与其生活在不丹，还不如在挪威的特罗姆瑟定居。

第十二章

GDP 2.0

如果给库兹涅茨一次在某个地方重生的机会，那么他十有八九会选择美国马里兰州。这位“GDP 之父”对其发明的经济衡量指标持严肃保留意见，认为 GDP 囊括了许多“不好的东西”，并忽略了人生中许多真正有价值的东西。库兹涅茨认为，将污染、通勤和国防等活动计入 GDP 可谓是疯狂的。同理，他也期盼能够诞生一种衡量指标，以更好地反映某些对人类幸福有益的抽象因素。然而，诞生于萧条和战乱期间的 GDP，就像有了自己的生命力。等到 1985 年库兹涅茨逝世时，GDP 已然成了他之前反对的样子：无论我们是消费者、生产者、政治家还是选民，GDP 都是我们理应渴望的一切的精华，是反映人类幸福的媒介。

倘若当今时代对 GDP 的沉迷源于库兹涅茨的无心之举，那么马里兰州以 GPI（真实发展指数）作为 GDP 替代指标的做法，才称得上顺应了库兹涅茨的本意。我们不妨称之为“GDP 2.0”。2010 年，马里兰州政府采纳了真实发展指数。事实上，真实发展指数的发源地并不在此，其历史至少可追溯至 20 世纪 70 年代。当时，美国经济学家威廉·诺德豪斯与詹姆斯·托宾开始思考所谓的“经济福利衡量方法”。[1] 他们以 GDP 为基准值，加上前文述及的隐性“商品”（如娱乐时间、家务活）的价值，再减去被他们冠名为“让人后悔花费时间的活动”（如上下班通勤、污染和防范犯罪等）的价值。

接下来的若干年间，学者与政策执行者前仆后继，在两位经济学家的“经济福利衡量方法”的基础上提出了多种变体。真实发展指数最早由美国生态经济学家赫尔曼·达利提出，堪称经济史上试图取代 GDP 而开展的最旷日持久的尝试。我们不妨将这些 GDP 的变体衡量指标理解为“国内生产净值”。还记得我们之前的解释吗？GDP 中的“G”是指“总值”，它既不考虑以自然资产为代表的资产折旧问题，也不考虑生产活动伴生的副作用。各种 GDP 替代指标均以 GDP 为基数，通过减掉不良活动的价值，得到一个更加合理的净值。与在中国提倡“绿色 GDP”的牛文元教授一样，尝试开发 GDP 替代指标的经济学家们，也希望剔除 GDP 中不那么好的东西，并向人们揭示一些真相。

2007 年，马丁·奥马利已在马里兰州的巴尔的摩市市长的岗位上工作了 8 年。同年，他被选为马里兰州第 61 届州长。在任巴尔的摩市市长期间，他非常热衷于数据。当时，奥马利聘请的经济顾问肖恩·马奎尔如此评价道：“他真心认为决策应以数据为依据，因为数据能如实反映现实情况，而非我们臆想中的情况。这一点至关重要。”

自就读马里兰大学起，马奎尔就一直对寻找 GDP 的替代指标感兴趣。求学期间，他师从赫尔曼·达利，研习生态经济学。在接到奥马利的开发 GDP 替代指标的邀请时，马奎尔已就该问题进行了长达数年的思考。当时，他的第一反应是向奥马利推荐他个人钟爱的一种经济衡量指标：幸福星球指数。“该指标用起来干净利落，非常优雅。”马奎尔的赞美之情溢于言表，“计算方法是生活满足程度乘以寿命，再除以生态足迹。”

不过，在马里兰州应用幸福星球指数存在两个问题。第一个问题是，马里兰州此前既没有衡量生活满足程度，也没有衡量本州生态足迹，因此马奎尔缺少可用数据。第二个问题则更加触及根本。正如马奎尔所言：“凡是我所见过的政坛大佬，都对‘幸福星球指数’一笑置之。”这在现实生活中至关重要，因为无论哪项指标，其要想获得实际应用，免不了政治人物或公众人物的支持。此外，新经济衡量指标的应用可能触发一系列后果，因此需要我们审慎对待。一旦马里兰州启用“幸福星球指数”，这一事件就肯定会登上各大晚间新闻的头版头条，并被网友在推特上盛传。马里兰州将成为人们目光的焦点，部分心怀不满的选民甚至会有把现任官员轰下台的想法。就这样，马奎尔在心里快速盘算了一下，决定暂时将“幸福星球指数”搁置一旁。

随即，他将目光投向 GPI。该指数已有 40 年历史，曾以各种形式被日本、芬兰等国家采用。马奎尔说："GPI 并不是颠覆传统经济衡量指标的指数，而是一种改良版的 GDP。马里兰州自然资源部负责 GPI 统计工作。相关人员表示，该指数有三项基本计算原则：（1）收入不平等问题被认为是"不好的"东西，因而我们需要在计算中对其进行调整；（2）计算囊括从环境（如湿地）和社会（如志愿者工作）分别获得的非市场收益；（3）它剔除了环境破坏带来的成本，并减去了一些不那么好的支出，比如犯罪预防支出和医疗保险支出，还将闲暇时间的损失考虑在内。GPI 共有 26 项指标，各项指标均以美元表示，最后得出的数值与 GDP 类似。这套指标又被分为经济指标、环境指标和社会指标三大类（见表 13–1）。

表 13–1　GPI 的 26 项指标

经济指标	环境指标	社会指标
个人消费支出	水污染成本	家务活价值
收入不平等	空气污染成本	家庭关系破裂成本
调整后个人消费	噪声污染成本	犯罪成本
耐用消费品服务	湿地破坏成本	个人减排成本
耐用消费品成本	农田改变成本	志愿工作价值
失业成本	森林覆盖破坏成本	闲暇时间损失成本
净资本投资	气候变化成本	高等教育价值
	臭氧破坏成本	高速公路及街道服务
	不可再生能源消耗成本	通勤成本
		机动车事故成本

马奎尔表示，GPI 的优势在于，马里兰州有现成的数据。"对于计算所需的数据，我们可以直接取材于联邦政府统计资料，比如森林覆盖面积、湿地面积、负债水平和公路情况等。26 项指标都有现

成的统计数据。”马奎尔说，“这是个很好的卖点，因为我们只是在现有数据的基础上做了一些微调和改良，所以这不会使人们感到太过恐慌。”

马奎尔在获得了一些资助，并从马里兰大学招了一个实习生后，便开始着手计算马里兰州的 GPI。这还是美国历史上第一次由州政府从官方层面上开展 GPI 的计算工作。马奎尔及其助手的工作始于 2009 年 2 月。到了当年 10 月，俩人完成了所有计算工作，并做好了发布计算结果的准备，甚至还专门请人搭建了一个美轮美奂的官方网站。由于联邦统计数据存在一定程度的滞后性，因此马奎尔用于计算 GPI 的数据为 2008 年的数据。我问马奎尔，他们从这一年的 GPI 中看出了什么？他答道：“这是一个好问题，我们什么也没看出来。”

他认为，与 GDP 一样，GPI 就是一个值。因此，就其本身而言，GPI 并不能向我们传递许多信息。真正有用的是历年 GPI 数值的比较结果。幸运的是，马奎尔能将马里兰州的 GPI 追溯到 1960 年，并能从中获得更多信息（见图 13–1）。通过比较近半个世纪以来的 GPI 数值，马奎尔确认了一个并不那么新鲜的结论：尽管 GDP 持续增长，但 GPI 却停滞不前。换句话说，在人均收入达到一定水平后，在经济活动上加码，只会产生递减的边际效应，甚至完全丧失边际效应。造成该现象的原因是，虽然盖楼行为或加班行为能拉动 GDP，但从 GPI 的角度来看，这些行为增加了经济产出后，却因破坏自然环境而牺牲了人们的闲暇时间，两者的大小正好互相抵消。

为了解释 GPI 的计算原理，马里兰州自然资源部网站以“城区爆炸式扩张”为例，表明了经济活动的盲目扩张可能带来的后果。相关工程建设项目的开展、地下管道系统的铺设、新修公路及人们购置的新车均对GDP有贡献，但随着城区的扩张，人们的通勤时间变长，社区成员之间的联系趋于松散，自然土地被破坏，水污染和空气污染也成了问题。“即使我们都在一个经济体内做着金钱交易，这也并不代表我们的经济真的繁荣、社会真能可持续发展”，这是马里兰州自然资源部网站上的原话，与库兹涅茨的观点如出一辙。

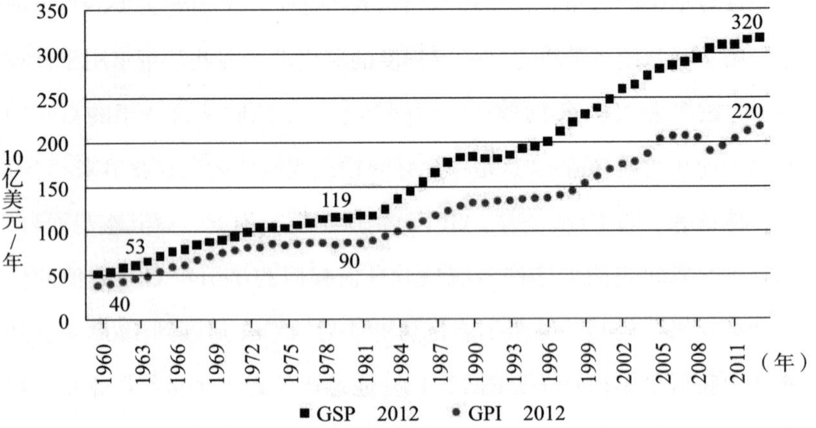

图 13–1 自 1960 年起的马里兰州 GPI 与 GSP

（州生产总值）对比（以 2012 年美元计价）

后来，马奎尔在俄勒冈州定居，并协助当地政府做了与马里兰州类似的事。我只好致电在马里兰州承接马奎尔工作的埃利奥特·坎贝尔，开门见山地问了他几个有关GPI如何计算的细节问题。他告诉我，GPI的计算从消费开始，计算的是我们为自己想要的东西支付的费用之和，比如食品、住房、度假及其他休闲活动等。坎贝尔引用边沁的观点，说："如果你想把钱花得既让自己满意，又能产生经济效用，那么在 GPI 的计算中，这笔钱就会以收入的形式被记在总账上。"

但他转而又补充道："如果你得把钱花在不情愿的地方（所谓的'防御性支出'），那么这笔钱会以支出的形式被记在总账上。"这类支出包括医疗保险金、门锁安装费、诉讼费、赡养费、抚养费（别忘了分居或离婚严重损害人的幸福感）、食物浪费、能源浪费及烟草购买费等，它们在 GPI 的计算中都将被扣除。"治污费"也属于这类支出，即纳税人和政府不得不花在治理各类污染上的费用，比如安装双层隔音玻璃以应对噪声污染的费用，或是安装过滤系统以治理污水的费用等。但在 GDP 等传统经济衡量指标中，人们花在看电影、购买降血脂药和安装防盗报警器上的钱，都会被计入国民收入。

即使在计算 GPI 的短短数年内，马里兰州的 GPI 也发生了一些改变。如今，马里兰州已能通过大数据真实地反映本州人民的消费模式，而非像此前那样，仅能从联邦政府的统计数据中推测本州情况。此外，马里兰州还能运用卫星拍摄技术，更精确地绘制本州森林与湿地储量范围。过去几十年来，我们可能只知道经济增长基本与人民幸福无关，它甚至无法反映出市场活动的真实情况，但新技术和大数据的出现使我们有机会提高经济衡量指标的可信度。正如坎贝尔的评价："库兹涅茨当然知道 GDP 存在种种局限，但我想，如果他能像今天的我们一样拥有如此丰富的数据，那么他当初发明的就不会是 GDP，而是 GPI 了。"

马里兰州无须专门开展调研即可算出 GPI，这一客观事实告诉我们很重要的一点：我们之所以无法从国民收入统计中看出哪类经济活动驱使社会运转，哪类经济活动是社会的痼疾，不是因为我们不具备足量有用的信息，而是我们不愿意正视并强调这两类经济活动间的区别。GDP 之所以能在全球范围内崛起，并成为衡量经济活动的准绳，很重要的一个原因便是它对各类经济活动的模糊处理。就这样，许多重要数据被隐藏起来，要么悄悄地从政府报告中溜走，要么被埋没在电子表格的海量数据中。

倘若我们希望社会实现最快的经济增长，那么随之而来的问题便是，我们得放弃什么，才能获得像自由时间、绿化带、稳定的工作、防火管理、环境保护条例及其他公共服务之类的东西。对此，马奎尔说："我们一再提出疑问，人类究竟愿意为了实现经济增长牺牲多少？但其实我们从未问过自己这样的问题，人类究竟愿意为了保护环境和维持健康在多大程度上牺牲经济增长？"

****

据马奎尔回忆，当他首次建议马里兰州计算 GPI 时，州政府里的一个人（此人被马奎尔打趣地形容为"右翼分子"）谴责他仅凭个人喜好胡作非为。"那个人说我想借 GPI 这块'通灵板'达成自己的阴谋，所谓的统计也不过是用一堆现成的数据随便算算而已，得出的结果与'掷骰子游戏'的结果没有本质差别。这番话让我心里很不是滋味。”马奎尔强烈反对那位政府官员对 GPI 和他个人的污蔑。他称自己如实还原了 GPI 的计算方法，而仅对其中一些非常细小的部分做了适合马里兰州的调整。在马奎尔眼中，GPI 有着光辉的历史，但在当今社会中应用较少。然而，那位“右翼分子”的言论也并非一无是处，他提醒我们在计算经济指标时，经济活动的加加减减需要被认真对待，因为人们可以在应用经济指标时，将有利于自身的一切糅合进来。正如瑞典统计学家汉斯·罗斯林所言：“GPI 就是 Excel（电子表格）时代的 GDP。”

GPI 中的东西几乎都涉及价值判断。以酒为例，适量购买酒类产品的钱在 GPI 中被计为收入。谁不喜欢在下班后小酌一杯红酒或啤酒啊？可一旦购买酒类产品的钱超过一定限度，就会被 GPI 列为支出，因为这笔钱被认为是“酗酒”行为的花费。学术研究显示，人均酒类产品消费超出正常消费的 25% 以上就算“酗酒”，因此在此水平以上的消费就应被 GPI 剔除。对于 GPI 背后潜藏的价值判断，政见不同的人看法各异。香烟与湿地破坏是坏东西，自有房产、工作生活平衡和洁净的空气是好东西。但我们必须认识到，这些所谓的“好东西”与“坏东西”均为主观判断。例如，GPI 将人们开车的时间计为被浪费的时间，因为这些时间原本可花在陪伴孩子这件事上。但就个人而言，我喜欢开车，却讨厌陪伴自家的“熊孩子”玩耍。

GPI 传递的理念是，一个人喝得烂醉，就等于做出了不利于社会幸福的行为。有时我也会独自一人借酒浇愁，并认为自己花多少钱买酒与政府无关。GPI 还认为，社会不平等是一件不好的事，因为研究表明，在有失平等的社会中，人们没那么幸福。但你或许和其他人一样，认为在一个惩罚懒人、奖励辛勤劳动者和创意者的社会中，一定程度的不平等性是十分必要的。或许在你看来，GPI 对环保的重视是合理的。但别人也可能认为，与其将钱花在保护濒危动物上，如某种微不足道的甲虫或只在人迹罕至地区出现的喉莺，倒不如用这笔钱购置一台豪华电视，或把钱存进孩子的助学基金中。

因此，问题的关键在于，经济衡量指标都是人定的，能够只传递人们想传递的信息。倘若某项指标的计算内容只包含人们认为重要的东西，那么得出的结果也相应带有主观偏见色彩。例如，北欧国家的 HDI（人类发展指数）排名常年名列前茅，但也有评论家称："这是因为 HDI 是以北欧生活方式设置的衡量标准。"

在人们追寻 GDP 替代或补充指标的过程中，我们有必要承认，上述问题是各类复杂指标的共性问题。

对 HDI 持质疑态度的评论家正是美国弗吉尼亚州乔治·梅森大学经济系教授布莱恩·卡普兰。HDI 是美国经济学家为寻找 GDP 替代指标而最早开展的一种正式尝试，创始人之一为巴基斯坦发展经济学家赫布卜·乌·哈格。哈格曾在文章中如此评价 GDP："对任何一种经济衡量指标来说，只要它认为一把枪的价值是一瓶牛奶的价值的几百倍，那么它必将引发影响人类社会进步的严重问题。"1990 年，哈格与同为经济学家的阿马蒂亚·库马尔·森联手开发了一种经济衡量指标——HDI。HDI 仅包含三项要素：收入、寿命与文化程度。尽管后来有人为 HDI 增添了第四项要素——"社会平等"，但该指标的基本原理仍保持不变。收入由调整生活成本后的人均 GDP 衡量，寿命由人均期望寿命衡量，文化程度则同时由识字率、就学率和高等教育接受率决定。

表 13–2 展示的是 HDI 排名较高的一些国家，并列展示的还有人均 GDP 排名在全球名列前茅的若干国家。需要注意的是，这仅是 2015 年的数据。HDI 排名和人均 GDP 排名变化不断，并以后者的波动尤其明显。

在人均 GDP 排名靠前的国家中，挪威、爱尔兰和瑞士同时跻身 HDI 排名的前十。其他 7 个人均 GDP 排名靠前的国家并没有很好地将收入转化为人民健康和教育水平。此外，美国的人均 GDP 虽未进入全球前十的排名，但其 HDI 排名却挤进了前十。

表 13–2 2015 年 HDI 与人均 GDP 排名前十的国家

排名	HDI	人均 GDP
1	挪威	卡塔尔
2	澳大利亚	卢森堡
3	瑞士	新加坡
4	丹麦	文莱
5	荷兰	科威特
6	德国	挪威
7	爱尔兰	阿联酋
8	美国	爱尔兰
9	加拿大	圣马力诺
10	新西兰	瑞士

从表面上看，HDI 似乎没有什么可指摘的。笔者个人就非常喜欢它，认为它比传统经济衡量指标考虑得更加周全。然而，卡普兰对 HDI 的批评既深刻，又不无道理。在计算 HDI 的过程中，收入、寿命和文化程度三要素的评分范围均为 0~1 分（1 分为最高分）。“也就是说，即使一个国家的人全都长生不老，人均 GDP 无限大，但只要其人口目不识丁，从不接受教育，那么这个国家的 HDI 得分也不过 0.666 分而已，甚至低于南非部分国家和塔吉克斯坦的分数。”卡普兰干净利落地陈述了自己的观点。此外，为了在文化程度上获得 1 分，某国政府得将全体人民送进学校，并使之终身接受教育。如果真是这样，那么这恐怕也不是什么好事。毕竟，假如一个国家的人都是学生，那么谁来当老师呢？另一方面，人均收入在理论上可以无限增长，但在富裕国家，人均收入已经接近 1 分上限，继续上升的空间极为有限。哈格及其同事认为，人均收入在达到一定水平后，将变得不再那么重要。因此，与其他经济衡量指标一样，HDI 向我们传递的是其创始人想让我们接收的信息。“HDI 的最大问题就是没什么‘雄心壮志’，它将北欧国家的成就视为人类成就的巅峰，并以此作为‘人类历史的终点’。”卡普兰写道。[2]

话虽如此，诸如 HDI 这样的 GDP 替代指标实为强有力的工具，因此其仍有存在的必要性。如果一项经济衡量指标将某项活动视为对经济有贡献的收入，那么政治家便会使政策向有利于这项活动的方向倾斜，如提高人均工资待遇、净化空气，甚至鼓励人们多吃甜甜圈。也就是说，“更好的”经济衡量指标能够在现实生活中有力地引导社会朝着“更好的”方向发展。倘若我们想过得像北欧人一样幸福，或避免像某些地区的人民那样陷入不幸，那么我们就很有必要设计出一种衡量人民幸福水平的指标，以便了解自己当前的幸福水平，以及需要在哪些方面改进。

当然，并非每个国家都以挪威或瑞典为榜样。若以人们的滑雪时长为经济衡量指标，那么巴巴多斯肯定排在后面。但毋庸置疑的是，每个国家都想发展得更好。我们应时刻谨记，包括 GDP 在内的任何一种经济衡量指标，其背后都潜藏着一套价值判断体系。这套体系可以衡量一个经济体将某些经济活动最大化的能力，哪怕以环境破坏或社会动荡为代价。

同理，由于 GPI 的创始人为生态经济学家赫尔曼·达利，因此正如达利所倡导的那样，GPI 鼓励国家发展“稳态经济”，即放缓经济增长甚至完全摒弃追求传统经济增长的理念。而马奎尔则倾向于将 GPI 视为一种帮人们识别利弊的工具。“当我们打算在湿地上兴建便利店时，GPI 会让我们意识到这么做所付出的成本。”他说，“我不是说 GPI 是万能的，但它总能适时让我们扪心自问，我们为了保护自己珍视的东西，究竟愿意付出多少代价？如果代价是 1.5% 的 GDP 增长，那么我们真的愿意做此牺牲吗？”在马奎尔看来，这世上没有哪个经济体能够永远以 3% 的增速发展经济。

GPI 将负外部性剔除，比如空气污染、水污染、农田毁坏、湿地破坏及乱砍滥砍等。同时，它增加了正外部性，其中不乏投资带来的隐性收益，比如新建的公共泳池促进了社区人民的身心健康。奥马利曾一度敦促出台鼓励人们利用公共交通工具出行的政策，力争使这类出行的人数翻一番。“为了对这项政策的必要性进行分析，我把真实数据统统丢进 GPI 这台绞肉机，结果显示，纳税人的确将因乘坐公共交通工具出行人数的增多而获益。”马奎尔回忆道，“虽然政府在添置公共交通工具上需要付出更多成本，但总体而言，这种成本远低于通勤、尾气污染、牺牲休闲时间及使用不可再生资源所带来的成本之和。由此，推行这项政策也就成了顺理成章的事。”

马奎尔还表示，GPI 不仅是一种有用的政策制定工具，还比 GDP 更能如实地反映现实经济情况。2009 年的相关数据显示，尽管金融危机席卷全美，但马里兰州当年的州生产总值仍较往年上升了 3.8%。马奎尔曾在致上司、马里兰州自然资源部主任的备忘录中写道：“鉴于本州人民切身感受到的经济困难，这一数值几乎是‘不可信的’。”相较之下，马里兰州当年的 GPI 则较往年下降了 6.3%，与 GDP 之间形成了约 10% 的鸿沟。马奎尔表示，GPI 之所以能“更精确地”反映经济实况，源于其如实记录着马里兰州的净资本投资。随着州政府支出锐减，马里兰州的净资本投资额由 2008 年的 90 亿美元降至 2009 年的 10 亿美元。[3] 此外，GPI 还对失业问题和就业不充分问题更敏感，后者主要指的是想要全职工作却只能从事兼职工作，以及一直找不到工作而只能彻底待业在家的问题。

权衡利弊与价值判断并非 GPI 这类经济衡量指标的专利。由于以美元计算，GPI 也免不了遇到计算自然资本价值所带来的类似问题。“我不喜欢给空气污染之类的东西定价，这简直是对我灵魂的拷问。”

当马奎尔刚开始计算马里兰州的湿地、森林及绿化带价值时，他说，“我觉得这一点儿也不酷。”但他还是计算了，因为现实生活中的政策制定者“更看重数据和金钱”。据他回忆，有人问他“你怎么能给无价的东西定价呢？”，但如果他不这么做，就无法让人们知道自然资本的价值，进而导致人们无所顾忌地牺牲赖以生存的环境和自身的健康，盲目地追求经济增长。

马奎尔将 GPI 比作现实生活中的预算管理。只不过在 GPI 的计算过程中，预算是洁净的空气与水源、人们的闲暇时间及大大小小的钱。“我只是一名普通的基层公务员，不能随时出门去买一辆法拉利。我又不是开造币厂的。”马奎尔如此比喻预算上的种种限制，“我们想获得经济增长，这当然没问题，我们只要确定自己愿意为此付出一些代价就行。”

****

如果说任何经济衡量指标都包含人的主观价值判断，那么这同样也是经济衡量指标的优势。加拿大就是一个将这方面优势发挥到极致的国家。加拿大人民扪心自问：“我们到底想衡量什么？”早在 2000 年初，经过全国范围内举行的一系列焦点小组讨论，“加拿大幸福指数”应运而生。制定该指数的项目主任、安大略省滑铁卢大学教授布赖恩·斯梅尔表示：“焦点小组主要围绕几个相当简单的问题展开讨论：‘什么是你重视的东西？什么东西又能让你过上好生活？'"[4]该指数的目的并非让加拿大向北欧国家看齐，它旨在将加拿大人民秉持的价值观发扬光大，并进一步改善人民目前拥有的一切。简而言之，该指数想让加拿大变得更"加拿大"。

焦点小组的成员为随机抽样人口，来自不同年龄段和政治派别。但他们崇尚的价值观几乎完全一致：义务与高等教育、医疗服务、有利于身心健康的环境、清洁的水与空气、社会福利项目、合理收税、公共安全、工作稳定、就业机会、满足温饱的薪资、工作与生活平衡及公民参与政府事务的权利。这些被人们普遍看重的价值观进一步聚合成了加拿大幸福指数的八大类指标：社区活力、民主参与、教育水平、环境情况、人口健康、文化休闲、生活水平及时间利用。

在此基础上，斯梅尔团队对每大类指标进行了充分的数据挖掘，这些数据又被斯梅尔称为"矿井中的金丝雀"。最后，64类细分指标诞生，可以衡量加拿大的社会进步水平，并及时洞察可能出现滑坡、有损人民幸福水平的因素。"真正的问题在于，我们能否找到有用且可靠的数据。历年数据的收集应当具备连续性，好让我们从头追溯这些年来的国家发展情况。"斯梅尔说，"例如，在'人口健康'领域，我们监测了加拿大人的糖尿病患病数据。由于糖尿病经常伴有心脏病、肥胖等并发症，因此监测其患病率与严重程度，将有助于我们全面观测其他相关疾病的流行情况。"

斯梅尔承认，筛选64类细分指标的过程着实"让他们纠结不已"。比如，政府负债水平和儿童看电视的时长孰轻孰重？[5]显然，两者不分轻重，但我们可以甄选出一些“能够让人采取进一步行动的”细分指标，即“没错，这些就是影响温室气体排放的东西”，或是“这些就是决定人们与朋友相处时间长短的因素”。

斯梅尔表示，由于对加拿大幸福指数的测算基于充分可靠的数据，因此它已成为人们茶余饭后闲聊时的首选话题。加拿大人开始反思“究竟我们有多幸福？我们为什么没做应该做的事？幸福与经济增长有何关联呢？”之类的问题。此前，加拿大人一直接收的信息是“本国经济正稳步复苏”，但从历年的加拿大幸福指数的计算结果来看，人民的幸福水平似乎并未随着经济的复苏而回升。于是，加拿大人不禁问自己：“这其中到底出了什么问题？”

2016年的加拿大幸福指数显示，GDP与幸福水平间的差距已然十分显著，并且自2008年以来一直在扩大。斯梅尔说：“2007年，GDP与加拿大幸福指数相差22个百分点，但到了2010年，这一差距升至24.5个百分点，并于2014年进一步飙升至28.1个百分点。”为什么？与美国马里兰州一样，加拿大经济虽然在2008年以后逐渐复苏，但其国内就业机会并未出现明显增长。因此，“工作稳定”的相关细分指标的得分下降，而与“社会不平等”有关的细分指标的得分则上升。“文化休闲”类指标下的细分指标同样呈大幅跌落态势，因为加拿大人不得不增加工作时长、牺牲更多休闲时间（休更少的假、减少参加志愿活动与艺术活动的时间），来勉强维持温饱。好在加拿大人的教育水平随着经济情况的好转而有所提升，且社区成员之间的联系依旧像往常一样紧密。但在政府发布的官方统计数据中，所有这些细节信息均以简单的“经济复苏”一笔带过。[6]

斯梅尔表示，加拿大幸福指数的问世，使人们对公共政策更加关注。尽管GDP仍是“一面反映经济情况的后视镜”，但它只能告诉人们过去一年发生了什么。相比之下，加拿大幸福指数衡量的则是加拿大人希望建成一个怎样的社会。“加拿大幸福指数关注的是加拿大人看重的东西。如果我们想实现远大的社会抱负，就得举一国上下之力，认清自己到底看重什么。”斯梅尔说。

尽管该指数在加拿大家喻户晓，但斯梅尔认为它还远没有到影响国家政策制定的地步。“就在几年前，我还会天真地想，‘嘿，等我们公布了这一指数，就能为改变国家出一份力了’。现在的我明白，我们要走的路还很长。”斯梅尔说，“有人建议我们用加拿大幸福指数取代GDP，但我们无意如此。我们只希望为人们提供一个看待问题的不同视角。”

第十三章

有关经济增长的结论

GDP 的过人之处在于，它把所有人类活动压缩成一个数字，如同将一只大青蛙挤进一个火柴盒里。但从正面来看，GDP 仍不失为人类的伟大创意，并的确提供了一些有用的信息。它使我们看到一种现实的全景，并使政治决策者做出相应举动。但“聚合”既是 GDP 的美感所在，也是 GDP 的一个缺陷。一个数字无法捕捉人生中一切有价值的东西，就连经济学家的人生也不例外。

以汽车仪表盘为例。燃油指示表告诉我们油箱里还剩多少油，车速里程表显示的是目前车速有多快。有时，仪表盘还会有显示音乐播放列表的子表盘。这三个子表盘分别为我们提供着重要信息，但我们不能将三者合为一个数字，并期待这个数字有多大意义。毕竟，这三个子表盘代表着不同维度的信息。[1]

为了得出一个数字，我们在计算过程中必须使用同一种单位。

在经济学中，这就意味着一切以美元计价。如果遇到某些难以定价的东西，比如志愿工作、期望寿命、洁净空气或社区归属感等，那么我们要么找到一种以美元计价的方法，要么干脆不将这些东西计算在内。一切事物均可定价的观点源于边沁。我在前文中提到，此人丢失的头颅仅值10英镑。边际效用理论是现代经济学的根基之一，它认为物品或服务的价格反映了人们额外消费一单位该物品或服务的意愿。正是这种简化主义指引经济学家们将一切事物转化成复杂的数学模型，这些模型让人看得眼花缭乱。

但价格不是衡量一切事物的标准。也就是说，人类在乎的许多东西要么不在经济学的计算范围内，要么通过某种媒介被转化成以美元计价的幌子，然后再被纳入经济学的计算范围内。但其他维度的信息应该被如何处理呢？一种方法是反其道而行之，不仅不将一切人类活动加总，反而对其进行分解。[2] 乍看之下，这或许有点儿像一种倒退，颇有“将发明出来的轮子毁掉”的意境。毕竟，如果集人类活动之大成的GDP是一项伟大发明，那么我们为何又要大费周章地分解人类活动呢？假如你不喜欢“轮子”的比喻，那么我们不妨换个说法：这就像是让火柴盒里的大青蛙重见天日。

****

如今，GDP已凌驾于各类经济衡量指标之上。我们习惯于用GDP这一数字来定义经济发展是否成功。当然，经济学家和政策制定者也会监测各种数据，比如失业率、通货膨胀率、净出口值、零售价、房价和平均工资等，并以此为基础构建预测模型。美联储前主席艾伦·格林斯潘就曾将男式内裤销量作为经济情况的指针之一。但就公众的理解而言，GDP 仍是经济衡量指标中的王者。别忘了，经济增长与 GDP 可是一对孪生兄弟。GDP 的无上权威性基本无须验证，因为我们不用想都知道，没有哪一位政治家会说“为了实现 × × 的目标，我们不惜付出经济缩水的代价”。× × 可以代表许多东西，比如修建采用防火材料的公共住房、建立更公平的社会、每周工作日缩减为两天、免费享用比萨。在当代政坛中，不致力于最大限度发展经济的政治家简直不可理喻，因为经济增长已然成了我们唯一关心的对象，且我们对此几乎没有察觉。

有别于一些同类主题的书籍，本书并不主张GDP应被完全取代。无论它有怎样的缺陷，它都是一个有力的经济衡量指标和有用的政策评价工具。许多人已经一语中的地指出，经济增长常常意味着我们更有能力获得渴望的东西，比如教育、卫生及自由选择生活的权利，因为只有当收入和税收变得更高时，个人和政府才有财力负担这些东西。相较于经济不发达的国家，经济发达的国家更能为人民创造好生活，前提是这些国家的政府井然有序，其强大的民主制度敦促着“法律面前，人人平等”的实现。[3]

不过，本书的确强烈坚持两个观点。第一个观点浅显易懂，我们不妨称之为“质疑精神”。感谢每位读者耐着性子读到这里，你们想必已经更好地了解到，我们的经济增长数据究竟捕捉了什么，又忽略了什么。根据本书的讨论，不应纳入计算的经济活动包括污染、犯罪、长时间通勤、军火和加班，而理应纳入计算却没有被纳入的经济活动包括体面的工作、绿化带、日常医疗服务及任何有关可持续发展的活动。因此，如果你再听到“经济又增长了多少个百分点”的说法，就可以暗自发笑，想想这则信息包含了哪些局限，以及哪些经济的抽象本质。

我认为，质疑精神本身是可贵的。毕竟，记者出身的我就是靠着这种精神写出了一篇篇新闻报道。但拥有质疑精神并不能让我们一劳永逸，一味地说“我不相信这个数字”不过是一种虚无地看待世界的方式。本书坚持的第二个观点与一个在各种有关经济增长与 GDP 的讨论中被反复提及的问题有关，即什么指标可以替代 GDP？到目前为止，无论从强度还是广度而言，其他经济衡量指标均无法完全替代 GDP。因此，这个问题的答案是，与其寻找 GDP 替代指标，倒不如寻找能够对 GDP 做出有益补充的指标。这样，我们就能靠这些指标勾勒出一个更为准确的全球经济图景。

身为从小就能看电视的现代社会成员，我的理解是这样的：假如我打开电视收看晚间新闻，主播用严肃的口吻向我播报了五六个数字，那么我该以哪个数字为准呢？或者说，如果我在手机上订阅了经济新闻，那么究竟哪些数字才是我必须关注的呢？我个人的想法是，经济衡量指标应当能够向我们传递一些重要信息。作为公众的我们应通过对这样的经济衡量指标的关注来做一些合适的投资，就像我们高度关注 GDP 代表的经济增长一样。可问题是，到底哪些数字值得我们密切关注呢？以下是一些个人建议。

人均 GDP

在本书临近结尾时，我才正式提及这一名词，这显然有些尴尬。用 GDP 除以国家人口总数得出人均 GDP 的做法，可谓是对 GDP 进行的一种最便捷的调整。但人们很少这么做，至少大众对人均 GDP 的关注仍然较少。人们依旧习惯用 GDP 这一总量的绝对值来表示经济增长，而未将人口基数的增长考虑在内。

如果一个国家的 GDP 增速为 2%，但该国人口同样增长了 2%，那么其人均 GDP 完全没有变化。投资者经常对一些发展中国家的 GDP 增速感到欢欣雀跃，却忽略了这些发展中国家的高生育率。增加一个国家的经济总量的最简单的办法便是增加人口。如果特朗普有意实现 3% 的 GDP 增速，那么这将是一个再简单不过的目标。他只需要将美墨边境之间的墙拆掉，每年让 1 000 万墨西哥人涌进美国即可。但特朗普需要的不是 3% 的经济增速，而是 3% 的人均 GDP 增速。这完全是另外一回事，而且是一个更加难以企及的目标。2015 年的人均 GDP 排名情况见表 14–1、表 14–2。

在经济学家的世界里，如果一个国家永远不增加劳动力，那么它不大可能实现经济增长。正因如此，许多经济学家才称日本陷入所谓的“民主死循环”——其人口数逐年递减，但人均 GDP 倒一直维持着正增长。[4] 经济学家们无比推崇“经济必须持续增长”的观念，

表 14–1 2015 年人均 GDP 排名前 10 的国家

国家	人均 GDP（美元）
卡塔尔	132 870
卢森堡	99 506
新加坡	85 382
文莱	79 508
科威特	70 542
挪威	68 591
阿联酋	67 217
爱尔兰	65 806
圣马力诺	62 938
瑞士	58 647

数据来源：国际货币基金组织。

表 14–2 2015 年人均 GDP 排名倒数的 9 个国家

国家	人均 GDP（美元）
厄立特里亚	1 300
几内亚	1 238
莫桑比克	1 192
马拉维	1 126
尼日尔	1 077
利比里亚	875
布隆迪	831
刚果民主共和国	767
中非共和国	628

数据来源：国际货币基金组织。

却发现自己难以打破“单靠加人来拉动增长”的逻辑。倘若马尔萨斯认为人口基数的日益庞大终将使人类文明走向灭亡，那么当今时代的经济学家们的想法恰好与马尔萨斯相反。

不过，鉴于全球人口不会无限增加，全球经济恐怕也终有停止增长的一天，至少对某些发展成熟的富裕经济体来说是这样的。[5]但这并不意味着人均 GDP 一定会停止增长，这才是最关键的一点。给予人均 GDP 更多关注，将是人类踏出的重要一步。这一步虽小，但能使我们在政策制定的过程中真正做到“以人为本”，而非仅仅顾及“经济”这一抽象概念。

收入中位数

这一指标甚至比人均 GDP 更值得关注，它具有一个大优点和一个小优点。大优点：它计算的是收入的中位数而非平均数，但人们经常搞不清两者的差别。假设有一个四人组成的社会，人口总收入为 100 美元。倘若只有一人有收入（其他三人完全没有收入），那么收入的平均数为 25 美元。《金融时报》首席统计学家基斯·弗雷曾在员工大会上讲述了这样一则笑话：“如果比尔·盖茨走进一间酒吧，那么在场每个人的平均收入都能达到亿万富翁的水平。”我被这则笑话逗得哈哈大笑，但当时的我也并不了解平均数与中位数的差别。后来我才了解到，统计学家的“幽默”源于这样一个事实——平均数不过是总收入除以人口总数后得到的数字。若我们使用不慎，那么它会让我们对现实的理解发生扭曲，因为平均数并不能让我们看到收入的具体分配情况。随着社会不平等程度的加剧，这个问题正变得日益突出。[6]

不同于平均数，中位数相当于让所有人站成一排，然后挑出站在最中间的那个人。收入中位数使我们得以大致确定普通人的收入有多少，因而也可被称为“中产阶级收入”。在这个年代，中产阶级常感觉自身被社会遗忘和误解，因此这个能够代表该阶级收入水平的数字，将对改善该阶级的境况起到十分重要的作用。

收入中位数还有一个小优点，即它针对的是收入，而非生产。对大多数人而言，收入比生产更容易理解，因为人们更常思考的问题是“我靠什么生活？”，而非“今年生产了多少辆叉车？”。国民收入理论认为，人们只能购买生产出来的产品和服务，而生产多少产品和服务又由人们的购买力决定，因此，生产和收入应当等量，但实际情况并非如此。

主管美国 GDP 计算工作长达 20 年的史蒂夫·兰德费尔德同样是收入中位数的推崇者。但他表示，收入中位数呈现出来的信息恐怕会让一些政治家感到不自在。“可以说，任何一个国家的统计机构都难免对收入中位数有点儿忌惮。”他告诉我，“但我认为，美国与其他国家越来越认同一个观点，即我们有必要正视收入中位数。”

社会不平等程度

收入中位数也存在若干局限。因为除了确定普通人及其家庭成员的情况外，我们还需要了解那些社会底层人士的境况。解决这个问题的方法有好几种，其中的一种又快又好的方法就是运用基尼系数。毕竟，经济学界不乏爱钻研的人，当初他们也是经过了一番冥思苦想，才发明出一种巧妙的方法，用以发现受教育程度较低的中年美国白人的寿命越来越短的事实。基尼系数由意大利统计学家科拉多·基尼于1912年发明，其范围为0~100。[7]“0”表示完全平等的社会，每个社会成员的收入是相同的；“100”表示极端不平等的社会，其中一个社会成员占据全社会的收入。相对平等的经济体（如一些北欧国家）的基尼系数低于30，而全球最不平等的经济体是南非，其基尼系数为63。[8]美国的基尼系数为41，英国和德国的基尼系数分别为33、30。[9]同理，基尼系数也可反映财富或资产在一个经济体中的分配情况，且其结果较收入的基尼系数更具差异性。

另一种反映社会不平等程度的方法是按人口结构剖析收入情况。这种方法不仅能揭示收入的分配情况，还能揭示高收入人群与低收入人群之间的收入差异究竟有多大。图14–1展示的是自1967年以来的美国家庭收入情况，高收入人群、中产阶级与低收入人群的收入差异清晰可见。该图还向我们明确展示了大多数人的收入究竟与全社会的平均收入相差多少。

还有一种仅用一个数字反映社会不平等程度的方法，即对不同层次的人口收入进行比较，例如，将最高的10%人口收入与最低的10%人口收入相除。表14–3展示了几个富裕国家的这一比值，其中，最平等的国家排在最上方。在社会相对平等的冰岛，最高的

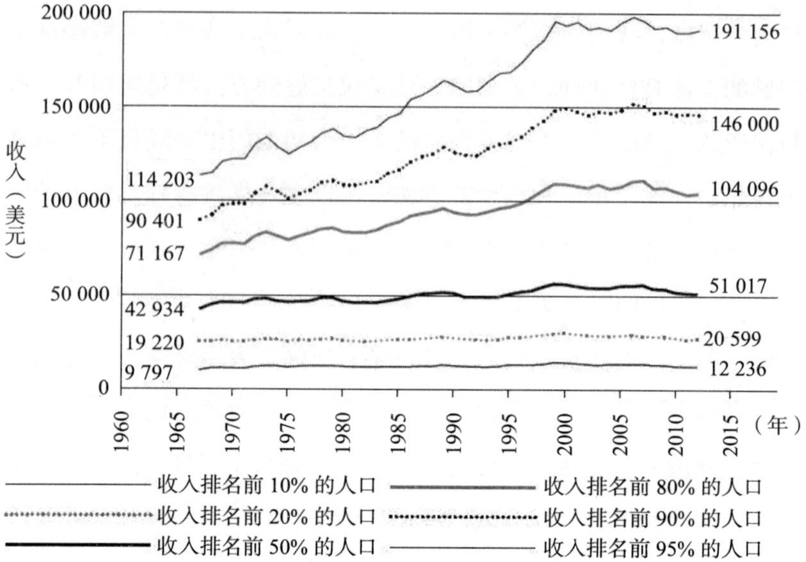

图 14–1　1967—2012 年的美国各层次家庭收入情况（以 2012 年美元计价）[10]

表 14–3　不同国家的最高的 10% 人口收入与最低的 10% 人口收入的比值

国家	比值
冰岛	5.0
德国	6.7
法国	6.9
加拿大	9.3
日本	10.4
英国	10.6
土耳其	13.1
美国	18.3
智利	20.6
墨西哥	21.4

数据来源：经合组织（OECD）。[11]

10% 人口收入占冰岛国民总收入的 20.6%，最低的 10% 人口收入仅占冰岛国民总收入的 4.1%，两者之比约为 5：1。与此同时，墨西哥最高的 10% 人口收入高达国民总收入的 36.4%，而最低的 10% 人口收入仅占国民总收入的 1.7%，两者之比约为 21.4：1。

NDP（国内生产净值）

GDP 衡量的是收入流，但我们也需要知道国家财富还有多少存量，否则就容易犯那个将“银行家比尔”与“园丁本”混为一谈的错误。近年来，美国经济分析局持续收集 NDP 数据，但在 GDP 的光环下，NDP 几乎没怎么引起人们的关注。NDP 减掉了 GDP 中资本品（如公路、机场和房屋）的折扣值。如果一个国家的资本存量增加，那么其 NDP 也随之攀升，反之亦然。NDP 与 GDP 之间的差值能提醒我们，一个国家是否透支其资本存量，用以刺激当前的经济生产。

布伦特·莫尔顿在美国经济分析局从业多年，一直是美国国民经济核算工作的负责人。他认为，NDP 应受到人们更多的重视。“有关国家的一个根本问题是，其财富是在增加还是在减少？”他对我说。当时，我俩约在华盛顿一家名为“G Street Food”的三明治快餐店见面。奇怪的是，这家店的名字与真正的“G Street”毫无关联。[12]（看来，店名与经济衡量指标一样，也存在令人误解的可能）。莫尔顿表示，对那些自然资源大国来说，计算国家财富意义重大。

可即便是像美国这样的国家，想要实现经济繁荣，也得注意积累财富，包括基础设施、高等院校和自然资源等。对任何一个国家的国民经济核算工作而言，国家财富的积累都至关重要。[13] 只有那些 NDP 高的国家，才能实现国民生活水平的长远提升。

人民幸福水平

没有哪个 GDP 的追随者会承认 GDP 能够衡量人民幸福水平，但几乎也没人会否认，GDP 已在不知不觉间成了人民幸福的代名词。关于“幸福由哪些要素构成”的问题的答案，可谓“仁者见仁、智者见智”。但这并不妨碍我们计算幸福水平，定义和衡量幸福的过程有助于我们确定哪些事项应当优先发展。尝试衡量看似不可衡量的东西，比如幸福或某些更广义的社会福祉，都能使我们的思路变得更清晰。

一旦马里兰州的 GPI 获得更广泛的公众关注和政府支持，迎接它的恐怕就是一场激烈的争论。试想，如果州长因本州 GPI 下跌而发起政策改革，那么一些人将对 GPI 的价值拍手称快，并将 GPI 作为判断经济是否景气的标准；另一些人就可能会认为，GPI 的衡量对象有误，因而 GPI 需要被其他更好的指标替代。无论如何，在衡量人民幸福水平方面的尝试势必会引发争议。它让我们反思自身所在社会的奋斗目标，并帮助我们监测社会在实现这些目标的路上走了多远。

二氧化碳排放量

我故意将这个最具争议的指标留到最后讨论。二氧化碳排放量堪称监测自然资本动向的最简便指标，因为它既不涉及给任何东西定价，在具体执行上也不存在什么难点。二氧化碳排放量能够反映污染严重程度。“如果我们的星球正在饱受高温折磨，那么我们需要知道这个事实。”美国经济学家约瑟夫·斯蒂格利茨说。[14]

这句话强调的重点，已贯穿于本书始终。统计数据无法做到完全中立，但也绝非一堆枯燥乏味的数字。它们带有浓重的政治色彩。我们之所以大费周章地衡量某个事物，是因为我们认为该事物十分重要，并希望对其施加影响。有人认为“碳排放量不宜太高”，因此其目标就是想方设法控制或减少碳排放量。但也有人认为，人类活动排放的二氧化碳并非气候变化的诱因，因此限制碳排放量不仅浪费时间和金钱，还会打击经济增长。事实上，这正是特朗普退出《巴黎气候协定》的原因。

绝大多数科学家对这类言论不敢苟同，毕竟人类活动导致全球气候变暖已是一个不争的事实。作为一个对空气动力学一知半解的人，从登机的那一刻起，我就将信任交托于整个机组人员及其掌握的飞行技术。同理，我也不是气候变化领域的专家，但既然如此多的科学家站出来警示气候变化的危害，我认为这是可信的。如果他们所言属实，那么追踪碳排放量似乎就成了一项非常必要的工作，并值得我们付诸实践。[15] 难道我们会抱怨清新的空气太多吗?

****

以上就是我的建议。你或许不赞同，认为幸福、区域收入分配情况或失业率才是应该被衡量的对象[16]，甚至还可能支持格林斯潘的主张——将男式内裤销量作为经济情况的指针。

无论你的个人偏好如何，总难免遇到信息过多或过少的情况。一旦我们需要将数据进行分解，或对一些新对象进行衡量，我们就得权衡相关工作的重要性。我们追求的许多目标，比如清洁的环境、健康的生活、安全的街道、更高的收入及稳定的工作等，分别属于不同维度的信息。另一方面，若不对所有数据进行汇总，我们就无法全盘理解手头掌握的信息。[17]

解决该问题的一种方法是用"数据仪表盘"将庞杂的各类数据同时展现在人们面前。它类似于汽车仪表盘或飞机驾驶舱仪表盘（后者的比喻更加传神），旨在监测有关社会发展的各项数据。经过约10年的筹备，经合组织于2011年发布了"美好生活指数"。[18]该指数比较的是38个国家、11类"主题"的数据，这些"主题"包括住房、环境、社会安全及收入等。美好生活指数的精髓在于定制化，人们可以完全按照自身偏好，为其中的各类数据赋予不同权重，这就像在录音棚里录制专属于自己的音轨一样。如果你最看重的是工作与生活是否平衡，那么你可以将反映该指标的仪表盘调至最大，就能立马看见在工作与生活平衡方面表现最佳的国家（冠军：荷兰）。[19]经合组织并不打算将"美好生活指数"定位为各国政府制定政策的参考工具，而希望通过这个指数告诉人们，想要达成的各个理想结果之间或多或少存在着此消彼长的关系，因而需要人们在必要时做出取舍。

此外，本书还强烈建议改善公共服务的衡量方法。由于公共服务通常由政府免费提供，因此我们往往有低估教育、医疗和公路等公共服务的倾向。英国公共服务交付部对包括火车延迟天数、学校考试成绩在内的一切公共服务指标的密切监测，正是在这方面开展的有益但仍有改善空间的尝试。对此，我们应该再接再厉。倘若我们未能正确衡量公共服务为社会提供的价值，这就可能导致公共服务被默默私有化。事实上，这正是许多国家为了谋求经济增长而正在做的事。

较贫困的国家仍需经历多年的经济增长，才能使人民生活水平提高到尚可接受的程度。但经济增长只是实现目标的途径，而非目标本身。随着服务业成为经济结构的主体，未来决定社会发展水平的因素将是能够满足个人需求的产品与服务，比如基因治疗药物、个体化护理服务及定制西服等。而这些差异化的产品与服务，才是一个国家在未来的经济角逐中胜出的关键。为此，较富裕的国家或许也得重新审视传统的经济衡量指标，因为差异化的产品与服务预示着人们对高质量的追求，而产品与服务的质量却是 GDP 不太擅长衡量的对象。大约 50 年前，一位美国经济学家对比了所谓“牛仔经济”与“太空人经济”之间的差别。结论是前者以生产为大，不惜牺牲资源与环境；后者则关注质量与复杂性，并将其作为衡量经济成功与否的标准。从生产向服务过渡、从模拟化向数字化转型，就是从“牛仔经济”向“太空人经济”的跃升。然而，我们沿用至今的传统经济衡量指标，衡量的仍是牛仔手中挥舞的绳套。[20]

如今，我们只关注物质的囤积，而罔顾个人生活或环境因此受到的影响。这种行为在本质上同样可被归结为质量问题。“欧洲之星”号列车的例子告诉我们，通过改善服务体验的质量（例如“欧洲之星”号列车向乘客免费提供柏翠酒庄的精酿葡萄酒），富裕的社会是如何“使发展上升到另一个层次”的。采用本地食材精心烹制的食物、针对患者需求提供的医疗保健服务、更丰富的文化和户外活动、为消费者量身定制的产品及更好的设计，都是追求质量的体现。产品与服务的质量重于数量，一味追求数量而忽略质量，只会带来更高的碳排放量。僵化地沿用传统的国民经济核算体系，将使我们永远想得到更多。

我们希望引起人们高度重视的一些经济衡量指标已然诞生，比如 NDP 和广义上的失业率等。有关自然资本、质量或幸福的衡量方法也在日益完善。在这方面，我们还需投入更多资金和人才，才有可能发明出能够比肩甚至超越 GDP 的经济衡量指标。国民经济的审计师们只是向大众传递信息的人，因此他们需要获得一些支持，以便向大众提供更有用的信息。（当然，如果像普华永道的审计师那样，不小心将错误的奥斯卡颁奖信封递给沃伦·比蒂，那么这也会造成令人尴尬的结果。[21]）为了尽可能地吸引人才加入本书所倡议的事业，我有一则恳切的建议：请给他们更高的工资和更大的权力。

英国政府每年向总部位于日内瓦的欧洲核子研究中心捐赠 1.27

亿英镑。“这笔钱使我们能够测算希格斯玻色子的质量，而且这个数据可以精确到无数个小数点之后。”伦敦政治经济学院的学者尼克·奥尔顿如是说，“同样都是在从事一些激动人心的工作，英国国家统计局的人可就没这么幸运了。他们不仅要计算 GDP，还得监测生育、婚姻、死亡、移民、就业、失业等数据，即 GDP 包含的各项要素。然而，英国政府每年拨给国家统计局的预算只有 1.73 亿英镑。人们已经完全接受自然科学需要大量资金来产出结果的事实，但对社会科学的类似性还没有充分的认识。”[22] 若我们将 GDP 比作经济学领域的“曼哈顿计划”，那么现在是时候启动登月和火星登陆任务了。

除资金之外，国民经济的审计师们还需要政府的支持。统计数据历来备受争议，因为它们带来的并不总是好消息。克林顿在执政期间，曾试图使“绿色审计”在美国常规化，却因触及大财团（尤其是采煤业）的利益而被国会叫停。[23] 克林顿曾说：“干净的空气和赚更多的钱之间不存在什么二选一的问题。事实上，破坏环境的罪魁祸首并非稳健的经济增长，而是我们对经济增长的贪得无厌。”但显然，美国国会并不这么认为。据说，美国经济分析局曾受到国会威胁，若继续开展“绿色审计”工作，那么其部分预算将被削减 20%。这给美国经济分析局带来了巨大的压力。一位不具名的内部工作人员仍对 20 年前发生的这件事记忆犹新：“统计学家们可担不起这样的责任。真正做决定的应该是全社会，而经济分析局只负责做好本职工作、提出合理建议。但如果整个体制都不同意我们做这个工作，那么我们就不能轻举妄动。”[24]

经济学家向我们描述的现实与我们的实际感知并不一致，这在法国总统萨科齐看来十分危险。这种不一致性包括两方面的内容，且两者存在一定程度的矛盾。一方面，GDP 或许真的低估了我们的生活水平，因为它不擅长衡量新事物，而有关收入和产量的粗略数字无法捕捉人类已在医疗、科技、休闲及知识共享领域取得的巨大进步。正是由于 GDP 无法正确反映我们已有的东西，因而我们所有人的境况看上去都比实际情况要糟糕。另一方面，GDP 又高估了我们生活的某些方面。经济理应持续向前发展，而在这个过程中，许多人觉得自己拖了后腿、被边缘化、被社会抛弃或被困于永无止境的消费竞赛中。在这些情况下，“先做大经济蛋糕、再从中分得一大块”的政策，无疑不可持续。

****

当我们一心追求更漂亮的 GDP 数字时，不能忽略一个同等重要的事实：我们不能沦为数字的奴隶。尺子之所以能够度量长度，是因为它本身也有度。并非一切事物都能被明码标价，也并非以美元为单位的东西就更好。这正是近年来西方国家的政治反抗事件让我们接受的教训之一。在这些事件中，选民们不甘沦为政治工具，而选择奋起反抗。

GDP 的发明使一批技术专家和经济学家崛起。他们主张政策应以发展经济为导向，却因此忽略了千千万万劳苦大众的利益。[25] 他们沿袭了牛顿看待事物的方式，将经济视为一个理性、有规律可循的体系，一个各机械部件分工明确却又彼此连通的实体[26]，甚至一种人类经验不可及的东西。一位具有独到见解的思想家写道："数学使经济学焕发生机，却也使它不幸僵化。"[27]

在 GDP 诞生前，"经济"一词从未进入政治家的视野，这在今天似乎是不可想象的。如今，没人认为经济是一个超越人类经验而独立存在的实体。1950 年之前，现代意义上的"经济"概念一次也没有在英国公开的政治文件中出现过。后来，这一局面随着 GDP 的发明而被打破。GDP 就像一扇后门，使经济学家得以从这里偷偷爬上公共舞台，进而在政府与官僚体制中徘徊。

经济学家固然能为政策制定者提供宝贵的专业建议，但这些建议不是全部。政府治理的方式也不止一种。任何公共机构都没有必要解释自身行为能产生多大的经济贡献。例如，在国际上享有盛誉的大英图书馆就没必要证明，每收到 1 英镑的公众捐赠能产生 4.4 英镑的经济贡献。[28] 同理，某知名儿童慈善基金会之所以鼓励广大父亲给孩子读睡前故事，也并非因为这么做能提高儿童的识字率，进而使 GDP 在 2020 年上升 1.5 个百分点。安全的街道、体面的工作、清新的空气、开放的场所、社会归属感、安全感、幸福感，以及对书籍和阅读的热爱，在本质上都是好的东西。更高的收入有时能让我们得到渴望之物，有时却不能。但更高的收入和 GDP 本身永远都不应该成为我们追逐的目标，充其量只是我们实现目标的途径。库兹涅茨曾反躬自问："增长的到底是什么？为什么要追求增长？"

我们对经济学家的唯命是从，源于“和物理定律一样，我们也无法违反经济学原理，即无论我们多么想做一件事，都不能忤逆所谓‘经济的’逻辑。”[29]不过，我们有时还真能忤逆“经济的”逻辑，且有时必须这么做。经济并非实体，只是一种人类想象世界的方式。GDP 也不是客观存在的物体，不过是人类为了衡量某些东西而完成的巧妙发明。以 GDP 为指针的经济增长纵然是人类历史上的一项伟大发明，但现在，我们是时候向前看了。

致　谢

太多人参与了本书的写作过程，他们的名字不胜枚举。几年来，我一直在与周围的朋友、亲人、同事和相关领域的专家讨论本书中的相关话题，其中甚至还有我的两个儿子，迪伦和特拉维斯。

此外，我还对相关领域的从业者、学者、经济学家和思想家进行了数十次电话或当面访谈，被访谈者遍布欧洲、美洲、非洲和亚洲。他们中的许多人为本书贡献了宝贵的思想，我在正文或注释中均引用了这些思想。对此，我想一并向你们的友善和真知灼见致以诚挚的感谢。

有些人需要被特别提及，他们是英国国家统计局的同事们，感谢他们耐心地向我解释 GDP 的本质内容及计算方法。本书主张的是我们需要更丰富的统计数据，而非压缩统计的工作量。在此，我想向以下同事的辛勤工作和对统计事业的奉献致以特别感谢：卢克·克洛伊东、达伦·摩根、桑吉·马哈詹及加雷斯·鲍威尔。此外，我还要感谢美国经济分析局的前任及现任同事们，并向曾与我交流过的、奋战在肯尼亚、尼日利亚、利比里亚和坦桑尼亚的统计学家们致以感谢。他们和其他非洲国家的统计学家们一起，在缺少完善体制的条件下，努力开展本国的宏观经济核算工作。

我还想感谢《金融时报》的编辑莱昂内尔·巴伯，他既是我的朋友，又是我的支持者。与全球最一流的高校一样，《金融时报》也鼓励其签约作家们勇于追求自己的兴趣，而不问是否有利可图。此前，《金融时报》已在“生活与艺术”版面与“社论”专栏发表了我以GDP为主题撰写的数篇文章，这些文章堪称这本书的“前身”。《金融时报》宝贵的“学术休假”制度，也为我提供了完成本书初稿所需的充足时间。除莱昂内尔·巴伯之外，我还要感谢我出色的同事吉德翁·拉赫曼，以及我的编辑托马斯·黑尔，是他们为我早期的书稿提供了诸多宝贵建议。威廉·沃利斯和安德鲁·英格兰总是在我最需要帮助的时候向我伸出援手，谢谢他们给予我的伟大友谊和支持。

其他读过早期书稿或部分章节的朋友还有阿卡什·卡普尔和杰夫·蒂利，感谢他们的宝贵建议和批判精神。谢谢乔·厄尔这位天资聪颖、年少有为的经济学家。他是“后危机时代经济学社团”的创始人之一。他也曾指导本书的早期书稿，并帮我坚定了本书想要传达的正确思想。

来自朋友基金会的丹妮尔·沃克·帕默尔也参与了本书的创作过程，并为我提供了莫大的鼓励。同样读过早期书稿的还有艾利森·本杰明，他也为我提供了宝贵的建议与鼓励。如果没有他们的鼓励，这本书就不会诞生。

我还要感谢我的图书经纪人费利西蒂·布赖恩和佐耶·帕格纳门塔。我和他们因第一本书的出版在日本结缘。从我创作这本书时起，他们对我的信任就一直没改变过，即便本书主题与之前截然不同，且并非我历来擅长的写作主题。同样需要感谢的还有英国布鲁姆伯利出版社的工作人员亚历克西斯·基施鲍姆及美国蒂姆·达根图书出版社的创始人蒂姆·达根，谢谢他们在第一时间肯定了本书的潜力。

值得感谢的还有在英国负责本书市场推广工作的同事纳塔莉·拉姆、埃玛·巴尔、杰尼斯塔·塔特–亚历山大、贾丝明·霍西和萨拉·鲁迪克，以及在美国负责本书市场推广工作的同事威廉·沃尔夫斯劳、奥布里·马丁森、戴安娜·梅西纳、莉萨·埃里克森及贝卡·普特曼。

我还想特别感谢书中提及的剑桥大学经济学教授张夏准，感谢他曾在本书的概念形成阶段与我进行讨论，并对我写作本书的能力表示肯定。

在写作本书的过程中，我个人的生活也经历了一段艰难时期。在此，我要尤其感谢我的母亲多里娅·皮林，感谢她一直在我最需要的时候陪伴着我。在我写作本书时，她也在创作自己的一本有关全球社会关怀的书，其主旨和意趣甚至比本书更宏大。

注　释

序言　对经济增长的盲目崇拜

1. 见 Pankaj Mishra, *Age of Anger*, Farrar, Straus and Giroux, 2017; Ed Luce, *The Retreat of Western Liberalism*, Little, Brown, 2017。

2. 引自 Diane Coyle, *GDP: A Brief But Affectionate History*, Princeton University Press, 2014, p. 124。

3. 我一直将这个短语的发明者视为《经济学人》前编辑比尔·埃莫特。无论他是否发明了这个词，他的确总爱用它。

4. 'Chinese Factory Worker Can't Believe the Shit He Makes for Americans', *Onion* , 15 June 2005: www.theonion.com.

5. 'The 30 Most Insane Things for Sale in Skymall', Buzzfeed, 10 July 2013: www.buzzfeed.com.

6. Joseph Stiglitz, *The Price of Inequality*, W. W. Norton & Company, 2012, p. xii.

7. Sarah F. Brosnan and Frans B. M. de Waal, 'Monkeys Reject Unequal Pay', *Nature*, Vol. 425, September 2003.

8. David Card, Alexandre Mas, Enrico Moretti, and Emmanuel Saez, 'Inequality at Work: The Effect of Peer Salaries on Job Satisfaction', November 2011: www.princeton.edu.

9. 'The Cost of Living in Jane Austen's England': www.janeausten.co.uk.

10. Joseph Stiglitz, Amartya Sen and Jean-Paul Fitoussi, *Mismeasuring Our Lives: Why GDP*

Doesn't Add Up, The New Press, 2010, p. ix.

11. 在乔纳森·弗兰岑的小说《自由》(*Freedom*)中，律师兼环保主义者沃尔特·博格朗德表达了类似观点。
12. 从名义GDP上看，日本经济在1990—2017年几乎没有吃紧。从实际人均GDP上看，在降低物价和控制人口增长的情况下，日本的经济表现与大多数西方国家差不多。
13. 自杀率的确居高不下。

第一章 库兹涅茨的怪兽

1. 这些是经济史学家安格斯·麦迪森的发现。西欧工业革命是美国大萧条的导火索。但仅在大萧条期间，中国和印度占全球经济总量的比例才出现显著下降，并于1950年一度降至约9%的最低点。如今，该比例已升至约30%。详见‘The Economic History of the Last 2000 Years in 1 Little Graph’: www.theatlantic.com。
2. Benjamin Mitra-Kahn, ‘Redefining the Economy: how the “economy” was invented 1620’, unpublished doctoral thesis, City University London, p. 18.
3. 出处同上。本杰明·米特拉－卡恩的论文对这些观点进行了精妙的描述。
4. 测量国家资产总量的尝试之一，包括1086年发布的《末日审判书》。然而，有别于配第尝试将现金流纳入计算范围的做法，这些早期尝试的关注点几乎仅集中在以土地为代表的资产上。
5. Mitra-Kahn, ‘Redefining the Economy’, p. 4.
6. 出处同上，p. 24。
7. “库兹涅茨曲线”提出这样一种理论：随着经济的不断发展，贫富差距先拉大，再缩小。这一理论在贫富差距加剧的今天饱受诟病。有些经济学家甚至声称，没有统计学证据可以证明库兹涅茨理论成立。
8. 有关库兹涅茨生平事迹和学术方法的详细描述，见 Robert William Fogel, *Political Arithmetic: Simon Kuznets and the Empirical Tradition in Economics*, University of Chicago Press, 2013。
9. Ehsan Masood, *The Great Invention*, Saqi Books, 2014, p. 15.
10. 库兹涅茨最早发明的概念是GNP，而不是GDP。GDP计算的是一个国家内的生产总值。库兹涅茨计算的是美国企业和个人的生产总值，包括美国境内和境外的生产总值。

11. Dirk Philipsen, *The Little Big Number: How GDP Came to Rule the World and What to Do About It* , Princeton University Press, 2015, p. 99.
12. Mitra-Kahn, 'Redefining the Economy', p. 14.
13. 出处同上，p. 27。
14. James Lacey, *Keep from All Thoughtful Men: How US Economists Won World War II,* Naval Institute Press, 2011.
15. Mitra-Kahn, 'Redefining the Economy', p. 210.
16. 出处同上，p. 237。
17. Masood, *The Great Invention*, p. 31.
18. 引文出自 Mitra-Kahn, 'Redefining the Economy', p. 239~240。

第二章　罪恶的收入

1. 该决议于 1995 年生效，人们可从欧盟统计局实时更新的"1995 年欧盟国家和区域账户系统"中追溯。
2. 这是因为每个欧盟成员国每年上交给欧盟政府的"份子钱"由该国经济体量决定，而经济体量又被 GDP 的近亲——GNI（国民总收入）衡量。不言而喻，这些都是英国脱欧前的事。
3. 英国国家统计局处长加雷斯 · 鲍威尔被问及方法论时表示："几乎所有人都会觉得这种方法极其无趣，因为他俩在办公室里完成了大多数工作，用的是已经公开的数据。"相关信息由本书作者于 2016 年 3 月通过对加雷斯 · 鲍威尔进行电话访谈所得。
4. 欲详细了解其计算方法及过程，见 Joshua Abramsky and Steve Drew, 'Changes to National Accounts: Inclusion of Illegal Drugs and Prostitution in the UK National Accounts', UK Office for National Statistics, 29 May 2014。
5. 他们的估算没有包括男性性工作者，但男性性工作者在全英国性工作者中的占比高达 42%，见 www.theguardian.com。
6. 对此，本书后续章节将有更多相关介绍。
7. David Lang, 'Percentage of GDP is a Strange Benchmark for a Defence Budget', Letter to *Financial Times*, 3 March 2015: www.ft.com.

8. www.wsj.com.
9. www.csmonitor.com.
10. 'Australia Carbon Laws Fail to Pass Senate', *Financial Times*, 2 December 2009: www.ft.com.
11. Simon Briscoe, 'Britons Highly Sceptical Over Data', *Financial Times*, 29 December 2009.
12. Kate Allen and Chris Giles, 'Statisticians Face Hard Facts', *Financial Times*, 5 September 2012.
13. 经作者访谈达伦·摩根后估算得出。访谈时间为 2016 年 6 月，地点为伦敦。
14. 如果我们要计算国内生产“净值”，就需减掉经济机器生产产品时的自然损耗项，这些项目有时又被称为“折损项”。但由于计算折损项并不容易，因此人们倾向于计算国内生产“总值”。
15. “产出法”有时又被称为“产量法”。
16. 其他作者及其著作中同样援引了这个例子：Ha-Joon Chang, *Economics: The User's Guide*, Bloomsbury Press, New York, 2015, p. 212。
17. 该公式通常写为“C + I + G + (X–M)”，C 为“家庭消费支出”，I 为“企业投资支出”，G 为“政府支出”，X 为“出口产品及服务”，M 为“进口产品及服务 ”。
18. 作者对乌玛尔·哈克的访谈。访谈时间为 2016 年 6 月，地点为伦敦。
19. 如今，随着物价下跌更加频繁，统计学家们也会用相应的指数剔除这类因素的影响。

第三章　好的、坏的与看不见的

1. 史蒂文·布里尔在其精妙绝伦的揭露性文章中，并未使用贾尼丝的真名。文章出处见 'The Bitter Pill: Why Medical Bills are Killing US', *Time Magazine*, 20 February 2013: www.uta.edu。
2. 这些细节的出处同上。
3. 数据来源为世界卫生组织，2014 年。
4. 数据来源为世界卫生组织，2015 年。
5. Bryan Harris, 'South Korea Set to Take Japan's Life Expectancy Crown', *Financial Times*, 22 February 2017: www.ft.com.

6. Chris Conover, '5 Myths in Steven Brill's Opus on Health Costs', *Forbes*, 4 March 2014: www.forbes.com.
7. 出自史蒂文·布里尔在其文章中引用的"互动政治研究中心"的相关研究报告。
8. 出处同上。
9. 事实上，日本经济并不是外界一直认为的那样不景气。日本的名义 GDP 虽然陷入停滞，但如果通货紧缩与人口数量下降的因素被剔除，那么日本的实际 GDP 属于正常增长。
10. Leo Lewis, 'Japan, Women in the Workforce', *Financial Times*, 6 July 2015: www.ft.com.
11. Sarah O'Connor, 'America's Jobs for the Boys Is Just Half the Employment Story', *Financial Times*, 7 February 2017.
12. 这个例子由普林斯顿大学教授安格斯·迪顿在与本书作者对话时提供。
13. Katrine Marçal, Who Cooked Adam Smith's Dinner?: *A Story About Women and Economics*, Portobello, 2015.
14. 出处同上。
15. Jonathan Franzen, *The Corrections*, HarperCollins, 2013, p. 288.
16. David Pilling, 'No Formula Can Better a Mother's Milk', *Financial Times*, 6 March 2013.
17. Julie P. Smith, 'Lost Milk? Counting the Economic Value of Breastmilk in GDP': www.researchgate.net.
18. onlinelibrary.wiley.com.
19. Benjamin Bridgman et al., 'Accounting for Household Production in the National Accounts, 1965—2010', *Survey of Current Business*, Vol. 92, May 2012.
20. 'Household Satellite Account (Experimental) Methodology', UK Office for National Statistics, April 2002.
21. 'Unpaid Household Production', UK Office for National Statistics, January 2004.
22. 具体包括澳大利亚、加拿大、芬兰、德国、匈牙利、墨西哥和尼泊尔。
23. www.bea.gov.

第四章　好得不真实

1. 改编自 John Kay, *Other People's Money* , Public Affairs, 2015, p. 3。这是一本有关经济金融化的佳作。
2. Kimiko de Freytas-Tamura, 'Secret to Iceland's Tourism Boom? A Financial Crash and a Volcanic Eruption', *New York Times*, 16 November 2016: www.nytimes.com.
3. 出处同上。
4. Richard Milne, 'Olafur Hauksson, The Man Who Jailed Iceland's Bankers, *Financial Times*, 9 December 2016.
5. Michael Lewis, *Boomerang*, W. W. Norton & Company, 2011.
6. 出处同上。
7. 出处同上 , p.17。
8. David Ibison and Gillian Tett, 'Iceland Feels the Heat After Years of Growth', *Financial Times*, 24 November 2007.
9. Kate Burgess, Tom Braithwaite and Sarah O'Connor, 'A Cruel Wind', *Financial Times*, 11 October 2008.
10. 出处同上。
11. "吸血大乌贼"这一称谓是作家马特·塔伊比对高盛集团的生动描述。
12. Andrew Haldane, Simon Brennan and Vasileios Madouros, 'What is the contribution of the financial sector: Miracle or mirage?', Chapter 2 in *The Future of Finance, The LSE Report*, London School of Economics and Political Science, 2010.
13. 出处同上，数据引自《银行家》杂志（*Banker*）。
14. 与其他更早实现经济腾飞的亚洲国家一样，中国实行了所谓的"金融抑制"政策——通过国有银行体系，吸取居民储蓄金，再贷款给政府鼓励的行业企业。近几年来，中国政府的收入远大于支出。通过借钱给别国，中国现已成为美国及其他西方国家的最大债主。
15. 见 Kay, *Other People's Money*, p. 1。需要注意的是，在黑白颠倒的银行业里，资产并不像我们平常想象的那样。银行资产就是银行借给他人的钱，因为从理论上说，银行预期自己在未来某天能从借钱者手中收回这笔钱。另一方面，银行借给他人的钱源于居民储蓄，无论储蓄者选择哪一天从银行里取出钱，银行必须将钱还给储蓄者。

16. Andrew Haldane, 'The $100 Billion Question', 2010: www.bankofengland.co.uk.

17. Haldane, Brennan and Madouros, 'What is the contribution of the financial sector', p. 92.

18. Diane Coyle, *GDP: A Brief But Affectionate History,* Princeton University Press, p. 99.

19. Haldane, Brennan and Madouros, 'What is the contribution of the financial sector', p. 88.

20. Coyle, *GDP*, p. 102.

第五章 互联网偷了我的 GDP

1. Sir Charles Bean, 'Independent Review of UK Economic Statistics', Cabinet Office, HM Treasury, March 2016.

2. 这不在 GDP 的计算范围内，因为这笔广告费一边被计入该网站获得的收益，一边又以支出的形式被从广告公司的收益中扣除。从会计学的角度来看，两者相互抵消。

3. 事实上，卢旺达政府有意禁止二手衣服的进口，以便在国内建立本土成衣厂。

4. 该委员会采用的调查方法被称为"享乐会计法"，因为其在计算过程中还考虑到了产品与服务的质量问题。

5. 美国劳工部劳动统计局首席研究员布伦特·莫尔顿曾是博斯金委员会成员。他告诉我，这项调查带有明显的政治意图。由于多项国家福利与通货膨胀息息相关，因此通胀率越低，相应的福利也会越少。

6. 相关讨论见 Bean, 'Independent Review of UK Economic Statistics'。

7. Net Benefit, *The Economist*, 9 March 2013: www.economist.com.

8. 详见 Bean, 'Independent Review of UK Economic Statistics', p. 84。

9. 作者于 2013 年 9 月通过采访张夏准获得的信息。另见 Interview with author, September 2013。见 David Pilling, 'Lunch with the FT: Ha- Joon Chang', 29 November 2013: www.ft.com.

10. Murad Ahmed, 'Your Robot Doctor Will See You Now', *Financial Times*, 13 January 2016: www.ft.com.

11. 'Why the Japanese Economy is Not Growing: Micro-barriers to Productivity Growth', McKinsey Global Institute, July 2000.

12. 这个让人捧腹的例子取材于 Rory Sutherland, 'Life Lessons from an Ad Man', TED Talk, July 2009: www.ted.com。
13. 信息来源于对美国经济分析局前主任史蒂夫·兰德费尔德的访谈。访谈时间为 2017 年 2 月，我个人比较喜欢将兰德费尔德称为"GDP 先生"。
14. Adam Sherwin, 'Welsh Town Moves Off shore to Avoid Tax on Local Business', *Independent*, 10 November 2015.
15. Brian Czech, *Supply Shock*, New Society Publishers, 2013, p. 26.
16. 如果真这么做的话，我们恐怕就不得不承认，我们目前指责中国等国家造成的大气污染，实际上主要由正好在中国设厂生产的西方国家造成。
17. Gordon Mathews, *Ghetto at the Center of the World: Chungking Mansions*, University of Chicago Press, 2011, p. 109.

第六章　做个普通人怎么了?

1. 虽然非洲裔美国中年人的相关数据并未在图上展现，但 1999—2013 年，该群体死亡人数的下降幅度甚至比西班牙裔群体更大，平均每年下降 2.6%。
2. Anne Case and Angus Deaton, 'Rising morbidity and mortality in midlife among white non-Hispanic Americans in the 21st century', PNAS, September 2015.
3. 根据国际货币基金组织公布的现价进行换算。数据来源：knoema.com。
4. 据美国经济分析局提供的数据，若统一换算成 2009 年的平均价格，那么 2000 年年底的美国 GDP 为 12.7 万亿美元，2015 年年底的美国 GDP 为 16.5 万亿美元。数据来源：www.multpl.com。
5. 1970 年，美国经济体量为 4.7 万亿美元。到 2015 年，该数据跃升至 16.5 万亿美元（数据来源：美国经济分析局，以 2009 年均价计算）。但这些数据并没有剔除人口增长因素。美国人口统计局数据显示，2015 年美国人口有 3.21 亿，而 1970 年仅有 2.05 亿。
6. Edward Luce, 'The Life and Death of Trumpian America', *Financial Times,* 9 October 2016.
7. 见 'The Decline of the Labour Share of Income', IMF World Economic Outlook, cited in a blog on Bruegel: bruegel.org。正如这篇博客文章指出的那样，全球金融危机以后，该比例仅略有回升。

8. 'Mortality and Morbidity in 21st Century America', Brookings Institution, 23 March 2017.
9. Jeff Guo, 'How Dare You Work on Whites', 6 April 2017: www.washingtonpost.com.
10. 'For Most Workers, Real Wages Have Barely Budged for Decades', Pew Research Center, 9 October 2014: www.pewresearch.org.
11. Edward Luce, 'The New Class War in America', *Financial Times*, 20 March 2016: www.ft.com.
12. Angus Deaton, *The Great Escape*, Princeton University Press, 2013.
13. 出处同上。
14. 见 Albert Hirschman, 'The changing tolerance for income inequality in the course of economic development', *World Development*, Vol. I Issue 12, December 1973。 安格斯 · 迪顿给了我启迪：www.sciencedirect.com。
15. 信息来源于本书作者于 2016 年 7 月对安格斯 · 迪顿进行的访谈。
16. Martin Wolf, review of Branko Milanovic, *Global Inequality: A New Approach for the Age of Globalisation*, Harvard University Press, 2016, in Financial Times, 14 April 2016.
17. 财富分配几乎总是比收入分配更不平等，因为财富分配上的优势、劣势会随着时间的推移而不断加深。
18. Milanovic, *Global Inequality*.
19. 塞尔维亚裔美国科学家布兰科 · 米兰诺维奇称之为“公民身份租金”。
20. Martin Wolf, review of Milanovic, *Global Inequality, in Financial Times*, 14 April 2016.
21. See Edward Luce, *The Retreat of Western Liberalism*, Little Brown, 2017.
22. 'Income Inequality and Poverty Rising in Most OECD Countries', 21 October 2008: www.oecd.org.
23. 报告显示，丹麦和澳大利亚是典型的高社会流动性国家。
24. 该曲线最早由专攻劳动力研究的经济学家迈尔斯 · 克拉克发明，后因白宫经济顾问委员会前主席阿兰 · 克鲁格的推广而闻名。
25. 图 6–1 展示了 2007 年、2012 年和 2014 年有关家庭可支配收入及贫困分布的关键指标。数据来源：www.oecd.org。
26. 拉里 · 萨默斯在 2017 年 3 月的电话访谈中告诉我：“我认为经济统计数据是错误的，

因为它们并未将各种质量上的提高充分考虑在内。我们应当针对质量的提高做出相应调整。”

27. Chrystia Freeland, ‘The Rise of the New Global Super-Rich’, TED Talk, 2013: www.ted.com.

第七章 大象与大黄

1. ‘Bright Lights, Big Cities, Measuring National and Subnational Economic Growth in Africa from Outer Space with an Application in Kenya and Rwanda’, Policy Research Working Paper WPS7461, World Bank Group, 2015.
2. Jerven, *Poor Numbers*, Cornell University Press, 2013, pp. 17~20.
3. 同上，p. x。
4. David Pilling, ‘In Africa, the numbers game matters’, *Financial Times*, 2 March 2016.
5. Jerven, *Poor Numbers*.
6. 见‘If the GDP Is Up, Why Is America Down? *Atlantic*, October 1995。
7. 国际货币基金组织按 2015 年平价购买力计算的人均 GDP。数据来源：knoema.com。
8. Jeffrey Gettleman, ‘As Grasslands Dwindle, Kenya’s Shepherds Seek Urban Pastures’, *New York Times*, 14 November 2016.
9. 该研究发现，反刍家畜对肯尼亚经济的贡献值为 3 190 亿先令，而非官方 GDP 显示的那样，只有 1 280 亿先令。见 ‘The Contribution of Livestock to the Kenyan Economy’, Intergovernmental Authority on Development Livestock Policy Initiative Working Paper 03-11, p. 6。
10. 见 Miles Morland, ‘Notes from Africa 2: Kioskenomics’。出自其写给客户的私人信函，2011 年 6 月。
11. 信息经由 2016 年 2 月本书作者对其进行的电话访谈获得。
12. Jamil Anderlini and David Pilling, ‘China Tried to Undermine Economic Report Showing its Ascendancy’, *Financial Times*, 1 May 2015.
13. Jerven, *Poor Numbers*, p 57.
14. 2016 年 2 月，被访谈者向本书作者口头提及。
15. 本书作者通过对利比里亚统计及地理信息研究院若干官员的采访而得，访谈时间为

2016年3月。

第八章 无限增长心态

1. World Data Atlas: knoema.com.
2. Akash Kapur, *India Becoming*, Riverhead Books, 2012.
3. 采用国际货币基金组织2015年数据，经当地价格调整后得出。换算成美元后，这种差距更加明显：韩国人均收入是加纳人均收入的18倍。
4. Jagdish Bhagwati and Arvind Panagariya, *Why Growth Matters*, Council on Foreign Relations, 2013, p. xviii.
5. 部分内容基于本书作者与经济学家巴格瓦蒂的多次个人对话。最近的一次交谈时间是2017年3月，地点是纽约。
6. 引自 Bhagwati and Panagariya, *Why Growth Matters*, p. 23.
7. 这是中国经济增长放缓和印度经济提速的共同结果。事实上，印度的经济增速也在一定程度上趋缓，但从2015年重新计算的GDP上看，印度的真实GDP增速或许还要再低一些。
8. 详见 Amartya Sen, Development as Freedom, Anchor Books, 2000, p. 8。
9. 出处同上，p. 3。
10. James Lamont, 'High Growth Fails to Feed India's Hungry', *Financial Times*, 22 December 2010.
11. 巴格瓦蒂对森出具的许多营养不良数据表示异议。见 Bhagwati and Panagariya, *Why Growth Matters*。
12. 'Indian Tycoon Hosts £59m Wedding For Daughter Amid Cash Crunch', *Guardian*, 16 November 2016: www.theguardian.com.
13. Amartya Sen, 'Bangladesh Ahead of India in Social Indicators', Daily Star, 13 February 2015: www.thedailystar.net.
14. David Pilling, 'India's Congress Party Has Done Itself Out of a Job', *Financial Times*, 7 May 2014: www.ft.com.
15. 引自印度新德里政策研究中心拉吉夫·库马尔口述内容。
16. Sam Roberts, 'Hans Rosling, Swedish Doctor and Pop-Star Statistician Dies at 68',

New York Times, 9 February 2017.

17. 他之所以不愿被称为乐观主义者，是因为他得出的观察结论完全以数据为依据。
18. 当我问他另外 20% 的国家是何种情况时，他说："这就是公共卫生学诞生的原因，否则我就没理由活在这个世界上了。"
19. 至少有一个国家是例外：赤道几内亚。经当地价格调整，赤道几内亚的人均 GDP 为 3 万美元。这个国家的精英阶层靠为石油巨头埃克森美孚提供石油开采权而赚得盆满钵满。但其国内 2/3 的人口处于赤贫状态，全国婴儿死亡率达 67/1 000，高于厄立特里亚。从 GDP 上来看，厄立特里亚的 GDP 仅是赤道几内亚的 1/20。
20. 世界银行将中低收入国家定义为人均国民收入为 1 026~4 035 美元的国家。计算方法为图表集法，该法旨在剔除不同国家因汇率波动而造成的收入水平差异。同样根据世界银行的定义，中高收入国家是指人均国民收入为 4 036~12 475 美元的国家。
21. 这些数据由罗斯林本人提供。
22. 'Why Ethiopian Women Are Having Fewer Children Than Their Mothers', BBC, 6 November 2015: www.bbc.com/news.

第九章　财富

1. 摘自《金融时报》同事马丁·沃尔夫与我进行的私人谈话。谈话地点是伦敦，时间为 2016 年 9 月。
2. 企业甚至还有第三套账户，即所谓的"现金流量表"。不同于损益表与资产负债表，现金流量表衡量的是企业手头可处置的实际现金流水平。
3. 许多发达经济体的确在衡量所谓的"产出资本"，即公路、建筑及港口等有形资产的存量。
4. Partha Dasgupta, 'Getting India Wrong', *Prospect Magazine*, August 2013.
5. 该例子摘自本书作者与达斯古普塔的私人谈话，谈话时间为 2016 年 9 月。
6. Partha Dasgupta, 'The Nature of Economic Development and the Economic Development of Nature', *Economic and Political Weekly*, Vol. 48 Issue 51, 21 December 2013.
7. 这一描述摘自贾雷德·戴蒙德发表的相关文章。见 'Easter's End' in Discover Magazine, August 1995: courses.biology.utah.edu。

8. 出处同上。

9. 出自本书作者对达斯古普塔的访谈。

第十章 现代版《末日审判书》

1. www.gutenberg.org.

2. Dieter Helm, *Natural Capital*, Yale University Press, 2015, p. 96.

3. Robert Costanza et al., 'The Value of the World's Ecosystem Services and Natural Capital', *Nature*, May 1997: www.nature.com.

4. 部分内容基于本书作者于 2016 年 9 月与达斯古普塔的讨论。

5. See ftp://131.252.97.79/Transfer/ES_Pubs/ESVal/es_val_critiques/responseToPearce_byCostanza.pdf.

6. Helm, *Natural Capital*, p. 8.

7. 在联合国的授意下，挪威前首相格罗·哈莱姆·布伦特兰承担了一项艰巨无比的任务，即试图说服各国政府承诺以不损害地球的方式发展经济。1987 年，该委员会发表了一份名为《我们共同的未来》的报告。

8. 这一原则同样适用于其他形式的资本，比如基础设施、制度。

9. 见 Helm, *Natural Capital*, pp. 99~118。

10. 在实际操作中，这类理论会遇到所谓“公地悲剧”的问题。该问题指的是所有人都想尽可能多地榨取公共资源，否则资源将落入他人之手。

11. 非洲绿色革命联盟主席阿格尼丝·卡利巴达表示，气候变化是非洲赤贫农民当前所面临的唯一艰巨挑战。这些农民世代全靠雨水灌溉农田，但降雨模式从未变得像现在这样捉摸不定。相关信息由本书作者于 2017 年 4 月通过访谈获得。

12. William Davies, *The Happiness Industry*, Verso, 2015, p. 65.

13. Andrew Simms, 'It's the Economy That Needs to Be Integrated into the Environment-Not the Other Way Around', *Guardian*, 14 June 2016: www.theguardian.com.

14. 感谢安德鲁·西姆斯提供这一绝妙想法。

15. George Monbiot, 'Can You Put a Price on the Beauty of the Natural World?', *Guardian*, 22 April 2014: www.theguardian.com.

16. 全球足迹网络官方网站：www.footprintnetwork.org。

17. www.footprintnetwork.org.

18. 信息由本书作者于 2017 年 3 月通过访谈获得。

19. 这些想法基于我与我敬重的《金融时报》同事马丁·沃尔夫的讨论，2016 年 9 月。

20. Glenn-Marie Lange et al., 'The Changing Wealth of Nations', World Bank, December 2011, p. xii: www.worldbank.org.

21. GDP 计算领域的先锋人士安格斯·麦迪森于 1978—1997 年任格罗宁根大学教授，并在此期间创立了格罗宁根经济增长与发展中心。

22. 具体包括石油、天然气、硬煤、软煤、铝土、铜、黄金、铁矿石、铅、镍、锡、银和锌。

23. 世界银行最新采用的方法对林地的捕猎、捕捞和娱乐价值进行了一些权重上的调整。

24. 这些数据取自 Lange et al., 'The Changing Wealth of Nations', p. 7，其中有关各类财富的最新数据以 2005 为起始年。世界银行还定期发布相关财富衡量方法的数据，如调整后净储蓄。

25. Table 1.1, p. 7 documents.worldbank.org.

26. BBC 对维肯的访谈请见：'Discover How Norway Saved its Vanishing Forests', BBC, 4 November 2015: www.bbc.co.uk。

27. 'State of Forest Genetic Resource in Norway', p. iii: www.skogoglandskap.no/filearchive.

28. 事实上，挪威石油基金于 2006 年正式改名为"政府全球养老基金"。该名称带有一定的迷惑性，容易使人误以为它是一个真正的养老基金。但实际上，它还是一个国民性的财富基金。

第十一章　幸福的议员

1. 以 1975 年的英镑计价。

2. 'Jeremy Bentham Makes Surprise Visit to UCL Council', *UCL News*, 10 July 2013: www.ucl.ac.uk.

3. Jeremy Bentham, *An Introduction to the Principles of Morals and Legislation*, 1789: http://socserv.mcmaster.ca/econ/ugcm/3ll3/bentham/morals.pdf.

4. William Davies, *The Happiness Industry,* Verso, 2015, p. 10.

5. 出处同上，p. 61。
6. 出处同上，p. 17。
7. 摘自哥伦比亚大学地球研究所主任杰弗里·萨克斯于 2016 年 12 月在伦敦政治经济学院发表的讲话。
8. George Ward, ‘Is Happiness a Predictor of Election Results?’, Centre for Economic Performance, April 2015: cep.lse.ac.uk.
9. World Happiness Report, 2012: world.happiness.report/download.
10. 出处同上。
11. 2015 年国际货币基金组织的数据，人均 GDP 以购买力平价表示。
12. 出处同上。
13. 调研结果覆盖 46 个国家的 9 万人。Richard Layard, *Happiness*, Penguin Books, 2005, p. 65.
14. 出处同上，p. 64。
15. 出处同上，p. 79。
16. BBC, 7 January 2017: www.bbc.co.uk.
17. 基于本书作者对莱亚德的访谈而得。
18. Layard, *Happiness*, p. 233.
19. 出处同上，p. 154。
20. 莱亚德援引的研究出处：Robert Sampson and Byron Groves of Harvard University, ‘Community Structure and Crime (1989)’: dash.harvard.edu。
21. Paul Ormerod, ‘Against Happiness’, *Prospect Magazine*, 29 April 2007: www.prospectmagazine.co.uk.
22. Richard Layard, ‘Paul Ormerod is Splitting Hairs’, *Prospect Magazine*, June 2007.
23. World Happiness Report, 2012, p. 111.
24. Gardiner Harris, ‘Index of Happiness? Bhutan’s New Leader Prefers More Concrete Goals’, *New York Times*, 4 October 2013.
25. 出处同上。
26. 2016 年国际货币基金组织的数据显示，不丹基于购买力平价的人均 GDP 为 8 227 美元，根据当地物价水平进行调整。

27. 所有数据来源于 Unesco: http://uis.unesco.org。
28. Bill Frelick, 'Bhutan's Ethnic Cleansing', *New Statesman*, 1 February 2008: www.newstatesman.com.
29. 见 www.bhutanstudies.org.bt。

第十二章　GDP 2.0

1. 托宾最著名的言论是，国家应对外汇交易收税，以降低交易风险、规避无意义的投机行为。
2. 'Against the Human Development Index': econlog.econlib.org.
3. 当新投资额低于折扣值时，净投资为负。
4. 信息来源于本书作者于 2017 年 2 月对斯梅尔教授的访谈。
5. 信息来源于本书作者于 2017 年 2 月与史蒂夫 · 兰德费尔德的交谈。
6. 'Canadian Index of Well-being, Executive Summary', 2016: uwaterloo.ca.

第十三章　有关经济增长的结论

1. 信息来源于本书作者于 2017 年 4 月对约瑟夫 · 斯蒂格利茨的电话访谈。
2. 部分内容来源于本书作者于 2017 年 3 月在纽约与经济学家贾格迪什 · 巴格瓦蒂进行的交流。
3. 在本书作者对拉里 · 萨默斯进行的访谈中，萨默斯表示，GDP 同样追踪着我们感兴趣的其他东西，比如环保与卫生等，因而我们暂时无须开发其他经济衡量指标。换言之，他认为 GDP 在衡量人民幸福水平上也不至于效果太差。"其他衡量幸福的指标显示人民幸福水平提高之时，通常也是 GDP 快速增长之时，反之亦然。比较各国数据后，我发现用其他幸福衡量指标衡量的经济增长和以 GDP 衡量的经济增长几乎殊途同归。因此，我本人对所谓 GDP 的替代指标不是特别感冒。"他说。
4. Jonathan Soble, 'Japan, Short on Babies, Reaches a Worrisome Milestone', *New York Times*, 2 June 2017: www.nytimes.com.
5. 汉斯 · 罗斯林预测，全球人口将于 2100 年达到约 110 亿峰值。据他估计，届时美洲有 10 亿人，欧洲有 10 亿人，非洲有 40 亿人，亚洲则有 50 亿人。信息摘自罗斯林 2014 年 1 月在瑞士达沃斯论坛上的讲话。

6. 大多数经济学家认为，绝大多数富裕国家显现出越来越明显的贫富差距。
7. 有时也以 0~1 计数。
8. www.indexmundi.com.
9. 在政府进行收入再分配的前期与后期，我们均可计算基尼系数，包括税收与社会福利。
10. 数据来源：DeNavas-Walts C., B.D. Proctor and J.C. Smith. September 2013 US Census Bureau, Current Population Reports, P60~245, Income, Poverty and Health Insurance Coverage in the United States: 2012 (Table A–2)。
11. Table 1: Key indicators on the distribution of household disposable income and poverty, 2007, 2012, 2014 or most recent year: www.oecd.org.
12. 信息来源于本书作者于 2017 年 3 月在华盛顿对其进行的访谈。
13. NDP 的计算需要基于一些假设，其中最重要的假设就是“资产在 × × 年后，会变得一文不值”。例如，假设一幢新楼的折旧期为 20 年，那么即使这幢楼屹立 20 年不倒，但从国民经济核算的意义上讲，这幢楼 20 年后的价值已经降为 0。如果各国为各类资产设定的假设不同，那么由此得出的国别 NDP 值就变得没有可比性。不过，NDP 仍能使我们大致看出一个国家在维护资产、实现可持续发展方面究竟做得好不好。
14. 基于本书作者于 2017 年 4 月对其进行的电话访谈。
15. 正如斯蒂格利茨指出的那样，有时碳排放量并不能很好地反映污染严重程度。在中国，你可以说空气污染威胁着人们的健康，但在这种情况下，人们应该重点关注的污染指标应该是细颗粒物的排放量，而非二氧化碳的排放量。
16. 所谓“U6 失业率”是一种更加广义的失业衡量指标，对象包括那些“工作积极性受到打击的劳动力”和“兼职劳动力”。前者指的是有工作意愿、却因惨淡的就业环境而放弃找工作的人，后者指的是那些渴望全职工作、却不得已做着兼职的人。详见 Bureau of Labor Statistics, Table A–15: www.bls.gov/ news.release。
17. 部分内容基于本书作者于 2017 年 4 月与约瑟夫 · 斯蒂格利茨的对话。
18. 见 OECD Better Life Index: www.oecdbetterlifeindex.org。
19. 斯蒂格利茨表示，近 60 年来，美国人的时薪没有任何涨幅。人们为了维持生活水平，只能不断延长工作时间。同期，欧洲人的平均工作时长却呈下降趋势。如果斯蒂格利茨提供的数据属实，那么欧洲人可能牺牲了一些收入，换得更多的闲暇时间。相较之下，美国人则将挣钱摆在了人生的第一位，即使他们忙得没时间用辛辛苦苦挣来的钱消费。

20. Kenneth Boulding, quoted in Lorenzo Fioramonti, *Gross Domestic Problem*, Zed Books, 2013, pp. 145~146.
21. 当时，由于拿到错误的信封，费·唐纳薇宣布《爱乐之城》荣获奥斯卡最佳影片奖。但信封里的卡片本该是写着《月光男孩》的卡片。'Moonlight, La La Land and What An Epic Oscars Fail Really Says', *New York Times*, 27 February 2017.
22. 基于本书作者于 2017 年 2 月对其进行的电话访谈。巧的是，奥尔顿曾写过一篇捍卫 GDP 的文章：'Hooray For GDP! GDP as a Measure of Well-being': voxeu.org。
23. 消息来源于美国经济统计局的几位官员。
24. 这位内部工作人员之所以选择匿名，是因为担心自己遭到报复，哪怕事情已经过去了这么多年。
25. Joe Earle, Cahal Moran and Zach Ward-Perkins, *The Econocracy: The Perils of Leaving Economics to the Experts*, Manchester University Press, 2016.
26. 出处同上。
27. Kenneth Boulding, quoted in 'An A-Z of Business Quotations', *The Economist,* 20 July 2012.
28. Earle et al., *The Econocracy.*
29. 基于本书作者于 2016 年 7 月对乔·厄尔进行的访谈。